나의 '지금'에게 길을 묻다

현전재가 선물하는 자유, 행복 그리고 상담의 길

박성희 저

학지사

지금 나는 2년 전 이 글을 처음 써내려 갈 때보다 많이 자유롭고 행복하다. 나의 지금과 마주한 순간이 늘어난 덕분이라고 생각한다.

인류의 위대한 스승들은 우리에게 무언가를 아주 열심히 가르치려고 했다. 예수나 소크라테스 같은 분들은 이 가르침을 전하기 위해 목숨까지 바쳤다. 그게 무엇일까? 무엇이 그리 소중하기에 목숨까지 바쳐가며 우리에게 전달하려고 안간힘을 썼을까? 아마 '신을 믿어라.' '법을 지켜라.' '자비를 베풀어라.' 이런 건 아닐 것이다.

잘은 몰라도 이 무엇이 참 대단한 것이라는 짐작은 간다. 감히 말로 표현할 수 없는, 아니 말로는 절대 실체를 건드릴 수 없는 그 무엇! 그래서 이를 간파한 노자가 '道可道非常道, 名可名非常名'이라는 말로 그 '무엇'에 이름을 붙이고 개념으로 만드는 짓이 쓸데없다고 소리친 것이리라. 그러니 진짜 깨달은 분들은 입을 다물 수밖에……

그렇다고 그 '무엇'이 없는 양 외면하고 그냥 살아갈 수는 없다. 그것이 우리를 자유롭고 행복하게 해 주는 열쇠라면, 한세상 잘 살아가기를 원하는 우리 보통 사람에게도 절실하긴 마찬가지다. 그러니 실체를 알기 어렵다면 그 실체의 그림자라도 붙잡아야 할 터이다.

나는 위대한 그 '무엇'의 그림자라도 잡아 보려는 심정으로 이 글을 써내려갔다. 한편으론 그동안 살아온 나의 삶을 되돌아보면서 또 다른 한편으론 좀 더 자유롭고 행복하게 살아가야겠다는 소망을 품고서 말이다. 그러다가 '지금 여기'의 위대함을 발견하고 현전재와 마주하게 되었다. 미몽 속을 헤매는 것은 아직도 마찬가지지만, 그래도 오래된 '지금'을 새롭게 알아차리고 속에서 자유와 행복을 누리게 된 것은 나에게 커다란 축복이다. 게다가 평생 업으로 삼아온 '상담'의 돌파구까지 찾았으니 이렇게 고마울 수가 없다.

원래 이 글은 나의 소소한 마음의 살림살이들을 기록해 보자는 동기에서 시작되었다. 그러니까 일상생활에서 나에게 일어나는 여러 일들, 그리고 그 일이 일으키는 생각과 상념을 정리해 보자는 아주 사적인 동기에서 비롯되었다. 그런데 글이 모이다보니 나와 비슷한 처지에 있는 사람들이 함께 봐도 좋겠다는 생각이 들었다. 특히 선배 상담자가 거쳐 가는 성장 과정이 후배 상담자들에게 성찰의 기회가 될 수도 있겠다는 시건방진(?) 생각이 들어 출판을 결심하게 되었다. 아무쪼록 이 글을 읽는 모든 분이 자기의 '지금'을 만나 지금보다 더 자유롭고 행복 넘치는 축복 속에서 살아가기를 바라는 마음이다.

나의 '지금'이 다른 이의 '지금'과 충돌하지 않기를 바라며

무심천에서

박성희

01
자유와 나

자유, 사람이라면 누구나 추구하는 이상이다. 그렇다면 자유롭게 산다는 건 어떻게 살아가는 것을 말할까? 그리고 지금 나는 과연 자유롭게 살고 있는 걸까?

감옥에 갇혀 있는 것도 아니고 다른 사람 밑에서 억지 노동을 하는 것도 아니면서 갑자기 '자유'를 말하는 게 생뚱맞기는 하지만 '현재를 제대로 살아가는 게 어떤 걸까?'를 고민하고 있는 요즘 한번은 생각을 정리해 둘 필요가 있는 주제다.

한자로 '自由'는 '스스로 말미암다.'는 뜻이다. 그러니까 남에게 구속을 받거나 무엇에 얽매이지 않고 자기 뜻대로 행동하는 것을 말한다. 여기에는 두 가지 의미가 들어 있다. 얽매임이나 구속에서 벗어난다는 뜻과 자기 의지대로 한다는 뜻이다. 에리히 프롬(Erich Fromm)은 전자를 '~으로부터의 자유(freedom from)'로서 소극적 자유, 후자를 '~에로의 자유(freedom to)'로서 적극적 자유라고 불렀다. 그렇다면 자유롭게 산다는 것은 얽매임에서 벗어나서 자기 의지를 제대로 실현하며 살아가는 것이라고 말할 수 있다.

나는 자유로운가

자유에 대한 두 가지 잣대로 내 삶을 들여다보면 얼핏 나는 참 자유로운 사람인 것 같다. 우선 나는 신체적으로 매인 곳이 없다. 직장에 매어 있기는 하지만 직장에 매어 있는 시간이 구속이라고 느껴질 때가 별로 없다. 시간을 상당히 유연하게 활용할 수 있는 교수라는 직업이라서 그런 것도 있지만, 어딘가 소속되어 일정 시간 의무적으로 일한다는 사실이 나를 얽어매는 일이라는 생각을 별로 해보지 않았다. 자발적으로 '직업을 가질 자유'에 따라 원하는 일을 택했기 때문일 것이다. 가정에서 아들이요, 남편이요, 아빠인 내 자리 역시 매였다는 느낌이 없다. 대부분 나의 의지와 상관없이 정해진 자리이지만 가정과 가족은 내게 구속이 아니라 기쁨이요 보람이다. 특별히 몸이 어디 불편한 데도 없다. 불편하기는커녕 건강 관리가 제법 잘 된 편이어서 가고 싶은 곳을 가는 데 별 지장이 없다.

그럼 정신적으로 매인 곳은 없나? 정신적으로 매였다 함은 무엇인가에 집착하는 마음이 있음을 뜻한다. 무엇인가에 마음을 쏟아 버리지 못하고 매달리는 상태가 집착인데, 마음에 대해서는 신체만큼 자유롭다는 말을 하기가 다소 걸끄럽다. 이것저것 마음에 세워 둔 기준도 많고 상황에 따라 화를 내고 짜증스런 감정을 쏟아 내는 경우가 잦은 걸 보면 자유로운 정신이라고 하기에는 어려운 점이 있다. 하지만 나의 특징 중 장점은 무엇이든 마음에 오래 담아 두지 않는다는 것이다. 화가 나도 잠시 어느 틈에 화를 털어 내고, 짜증을 내다가도 잠시 후에는 평정을 되찾는다. 금강경의 '응무소주이생기심'이라는 어구를 좌우명으로 삼아 살아온 탓인지 '마음을 내되 오래 머무르지 않는 것'에 상당히 익숙한 편이다. 그래서 그런지 내 주변 사람들에 비해 나는 상당히 유연하고 탄력적인 편이다.

영성의 측면에서는 어떨까? 영성(spirit)은 인간 내면의 가장 깊은 곳에서 삶의 의미를 부여하는 강한 힘이다. 흔히 영성은 종교의 전문 영역으로 알려져 있지만 꼭 그런 것은 아니다. 초월적인 심리현상을 인정하는 신과학주의의 등장에서 알 수 있듯이 영성은 나름대로 설명이 가능한 과학적 사실일 수 있다. 나는 좋은 종교는 어느 것이든 인간의 영성을 만족시키고 성장시킬 수 있다는 것을 믿는다. 다만 특정 종교에 매여 영성에 대한 접근을 독점하려고 할 때 엄청난 문제가 발생할 수 있다. 영성에 접근하는 길은 다양하게 열려 있고, 종교는 그중 하나의 길일 따름이다. 나는 나의 존재에 미치는 영성의 중요성을 잘 알고 영성을 진지하게 추구한다. 단, 영성을 추구하기 위하여 특별한 종교를 의지하지 않을 따름이다. 이런 점에서 영성에 대해서도 비교적 입장이 자유롭다고 말할 수 있다.

지금까지 '~으로부터의 자유' 라는 차원에서 내가 매어 있는 상황을 신체, 정신, 영성으로 나누어 살펴보았다. 이번에는 '~에로의 자유' 라는 차원에서 내가 얼마나 자유로운지 살펴보자.

나는 내 몸을 사용하여 하고 싶은 것이 참 많다. 살아 있는 동안 아픈 곳이 없게 몸 관리를 잘 하는 것은 물론이요, 산악자전거를 타고 세계 일주를 하고 싶고, 세계적으로 알려진 명품 트레킹 코스와 등산 코스들을 내 발로 밟고 싶고, 많은 곳을 돌아다니며 여행하고 싶고, 기타를 잘 연주하고 싶다. 이는 내 소망일 뿐 아니라 현재 하나하나 실현해 가는 중이다. 그러니까 내가 원하는 신체 활동의 자유를 부족함 없이 만끽하고 있는 셈이다.

정신계에서 내가 이루고 싶은 것도 적지 않다. 우선 정서적으로 안정된 삶을 살고 싶고, 시야가 탁 트인 지혜를 갖고 싶고, 유연하고 포용력 있는 사고를 하고 싶고, 사람들의 삶에 도움이 되는 상담 지식을 발굴·창출해 내고 싶고, 동양상담학의 터전을 잘 닦아 놓

고 싶다. 이 역시 소망일 뿐 아니라 현재 조금씩 실현해 가는 중이
므로 정신적인 자유 역시 상당 수준 누리고 있다고 말할 수 있다.

영성에 대해서도 이루고 싶은 것이 많다. 세상을 살아가되 세상
에 한정되지 않고 이를 넘어서는 길이 여기에 있다고 생각하기 때
문이다. 그래서 깨달음의 세계에 문을 두드리고 초월과 포월의 경
지를 힐끗힐끗 넘겨다보려고 한다. 깨달음에 관련된 서적을 뒤적이
고, 명상에 시간을 들이고, 성인들의 자취를 더듬는 이유도 여기에
있다. 이렇게 영성을 향하는 나를 방해하는 장애물 역시 별로 없다.

이렇게 보면 나는 '~으로부터의 자유'와 '~에로의 자유'를
상당 수준 누리고 있는 자유로운 사람이다. 표면적으로 보면 이
세상에 나보다 자유로운 사람은 많지 않을 것 같다. 그런데 정말
이렇게 자신 있게 말해도 되는 걸까? 내가 정말 자유로운 사람일
까? 나는 정말 모든 얽매임과 구속에서 자유롭고 진정 내가 하고
싶은 것을 자유롭게 하고 있는 걸까? 혹시 내가 자유롭다고 여기
는 것들이 한낱 환상에 불과한 것은 아닐까? 또는 내가 자유라고
생각하는 것은 내 생각일 뿐 사실은 교묘하게 나를 장악하고 있
는 다른 어떤 존재의 하수인 역할을 하고 있는 것은 아닐까?

자유의 한계

그리고 보니 나의 '자유'에 대하여 의심할 구석이 있다. '나'라
는 자기의식이 형성되기도 전에 내 존재에 스며들어 나로 하여금

현재 내가 보는 방식으로 세상을 지각하게 만든 학습, 때로 전혀 내 의지와 뜻대로 어떻게 해 볼 도리가 없게 움직이는 느낌은 나의 자유에 문제가 있음을 알려 주는 증거다. 나로 말미암고 나로 비롯되었다고 생각한 것들이 사실은 그 뿌리가 다른 것에 있다면, 그리고 사실은 내가 그것들의 지시와 암시에 따라 행동하고 있는 것이라면, 내가 입에 담는 '자유'는 공허한 속임수에 지나지 않는 셈이다. 그런 점에서 나의 자유는 철저한 검토를 거칠 필요가 있다. 이를 위해 먼저 나의 자유에 문제가 있음을 알려 주는 학습과 느낌의 정체를 좀 더 상세히 알아보자.

먼저 학습이다. 인간은 태어날 때 그야말로 벌거숭이다. 몸이 벌거벗었을 뿐 아니라 정신세계 역시 아무 내용도 들어 있지 않다. 이 정신세계에 무엇이 채워지느냐는 출생 이후 어떤 사람들과 어떤 환경을 만나 무엇을 학습하느냐에 달려 있다. 그런데 이 학습이 일어나는 초기, 즉 생후 몇 년 동안 영·유아는 자의식이라는 것이 없다. 그러니까 자기가 주인이 되어 학습을 주도하는 것이 아니라 수동적으로 생존과 적응에 필요한 것들을 흡입할 따름이다. 하나의 유기체로서 생명 보존과 유지에 유리한 것들을 본능으로 받아들이는 것이다. 그러니까 이때의 학습은 '나'가 없는 상태에서 진행된 자동적 주입 과정일 뿐이다. 문제는 이런 학습 과정을 거쳐 스며든 내용이 평생 나에게 지속적으로 영향을 미친다는 점이다. 이 학습은 '나'가 만들어지는 과정에도 영향을 미치고 '나'라는 자의식이 생긴 이후에도 계속 영향을 미친다.

이에 대해 내가 철저하게 객관적으로 성찰하지 않는 한, 그리고 그로부터 초월하기 위해 뭔가 진지한 노력을 하지 않는 한, 언제든 나는 이 학습의 영향력 아래에 놓여 살게 될 따름이다. 익숙하니까 아무런 의심 없이 그냥 그게 나의 일부라고 믿으면서.

그런데 생후 초기의 학습은 대부분 느낌 중심으로 일어난다. 아이가 가진 게 거의 느낌밖에 없기 때문이다. 어린아이는 아직 제 발로 걸을 줄도 생각할 줄도 모른다. 오로지 살아 있는 느낌을 의지해서 외부 세계에서 오는 다양한 자극에 반응할 따름이고, 이런 과정을 통해서 외부 세계에 적응하는 법을 배울 따름이다. 따라서 느낌은 생애 초기에 아이의 성장을 안내하는 주요 나침반이다. 나라고 예외는 아니다. 모든 아이가 그렇듯이 세상에 태어나서 처음에 나는 내 안의 흐름에 따라 자유분방하고 자발적으로 행동했을 것이다. 좋으면 웃고, 슬프면 울고, 화가 나면 짜증을 내고, 만지고 싶은 것이 있으면 손을 내뻗고, 아프게 하는 대상은 피하는 식으로 아마 나의 모든 행동이 자연스런 느낌을 따라 진정성 있게 흘러나왔을 것이다. 그러나 나의 이런 행동은 곧 나를 양육한 부모님과 주변 사람들의 거부와 제지, 이를테면 '안 돼!' '아니야!' '하지 마!'를 만나면서 뒤틀리기 시작했을 것이다. 주변의 거부와 제지가 나의 생존과 적응에 불리한 것을 본능적으로 알고 있었을 것이기 때문이다. 그러면서 느낌을 따라 진정성 있게 행동하는 것이 외부 세상에 '통하지 않는다.'는 것을 알게 되고 점차 나의 느낌과는 다른 방식으로 행동하는 법을 배웠을 것이다. 그리하여 슬픈 데도 울지 않고 짜증이 나는데도 화를 내지 않는

'~하는 체' 하는 표현법이 몸에 배기 시작했을 것이다. 이렇게 주변 사람들의 시선과 압박에 맞춰 자기가 느끼는 감정의 표현 방식을 바꿔 가는 것을 사람들은 '철드는 과정'이라고도 하고, '사회화하는 과정' 또는 '어른이 되는 과정'이라고 말한다. 이 시기 학습의 정체는 바로 이런 것이다.

그런데 이 학습은 내 느낌과 관련하여 나의 정신계에 결정적인 각인을 남겼을 가능성이 있다. '느낌'은 위험한 것이며 있는 그대로 함부로 표현하면 곤란하다는 인식이다. 특히 두려움, 분노, 슬픔 같은 부정적 느낌은 가능한 한 숨기고 다른 사람들 눈에 들키지 않게 속에 눌러 두어야 한다는 생각이 시작되고 강화되었을 것이다. 그러면서 한편으로 부모님과 주변의 다른 사람들이 느낌을 어떻게 표현하고 행동하는가를 조심스럽게 살피며 똑같이 따라 하게 되었을 것이다. 자라면서 나의 표현 방식과 행동이 부모나 주변 사람들을 닮을 수밖에 없는 이유다. 이렇게 인생 초기에 내가 경험한 학습은 두루두루 나의 정신과 행동을 형성하는 데 결정적인 역할을 했을 것이다. 그런데 이런 학습은 원래의 진정성 있는 나와 상당히 다른 모습으로 나를 몰아갔을 수 있다. 이게 사실이라면 그리고 아직도 내가 그 영향력 아래 있다면 지금 나의 모습은 나로 말미암은 것이라고 말할 수 없으므로 '나는 자유롭다.'고 단언할 수가 없다.

느낌의 문제를 좀 더 깊이 있게 파헤쳐 보자. 철드는 과정에서 숨겨진 또는 억압당한 느낌은 어떻게 될까? 그냥 사라질까? 그렇지 않다. 느낌은 일종의 힘을 담은 에너지다. 따라서 숨겨지거나 억압당한 에너지는 그냥 사라지는 것이 아니라 어떤 방식으로든 그 힘을 행사하려고 한다. 이렇게 되면 드러나려는 힘과 이를 막으려는 힘이 충돌하면서 마찰이 일어날 수밖에 없고 이 마찰은 반드시 열을 발생하게 한다. 바로 이 열이 마음을 불편하게 하고 삶을 힘겹고 무겁게 하는 요소로 작용한다. 뭔가 깔끔하게 끝나지 않은 것 같은 찝찝한 느낌, 뭔가 불길한 일이 일어날 듯 늘 불안한 느낌, 소중한 것을 잃은 듯 가슴 밑바닥에 허전하고 아쉬운 느낌, 화낼 준비를 하고 사는 것처럼 무슨 일이 터지면 즉각 올라오는 분노의 느낌이 바로 숨겨지거나 억압된 에너지가 내 안에서 뿜어내는 열로 인해 생기는 현상이다. 얼마 전 운전을 하는 도중 옆 차가 갑자기 끼어들기를 해서 깜짝 놀란 적이 있다. 이때 내 입에서는 속사포처럼 "저 새끼 미쳤나?"라는 말이 터져 나오고 내 발은 그 차를 따라잡으려고 반사적으로 액셀을 밟고 있었다. 예상치 않았던 일이므로 조금 놀라면 충분할 일인데 과하게 분노를 폭발시키고 있었던 것이다. 쉽게 이해되지 않는 이런 반사적 행동은 바로 내 안에 쌓여 있던 열이 출구를 통해 발산되는 순간이라고 해석할 수 있다. 이 일을 계기로 나의 일상생활을 돌아보니 나는 그야말로 항상 화낼 준비를 하고 살고 있었다. 겉으로 태연한 척 해도 누구든 어떤 일이든 나를 살짝 건드리기만(내 뜻에 맞지 않거나 예측한 대로 일이 전개되지 않으면) 하면 나는 언제든 쉽게 언짢아하고 화를 내고 있었다. 사람들의 시선을 의식해서 화를 표현하는 방법과 강도를 조절했을 따름이지 기본적으로 늘 화를 안고 살아가고 있었다. 마치 심지 뽑힌 폭탄처럼 위태위태하게 살고 있었던 것이다.

화내는 행동을 예로 들었지만 어찌 화뿐이겠는가? 나 스스로도 잘 이해할 수 없는 느낌에 사로잡혀 행동하는 모든 순간은 다 마찬가지다. 결국 나의 이런 행동의 밑바탕에는 제때 해소되지 못한 채 감춰지고 억눌려서 열을 뿜고 있던 에너지, 다시 말해 억압된 느낌이 있었던 것이다. 내 속에 있지만 내가 알아차리지 못하는 힘에 의해 휘둘려 행동하는 순간 나는 결코 자유로운 존재라고 말할 수가 없다.

방금 나의 자유를 구속하는 것을 어릴 때 자의식이 생기기 전 숨겨지고 억압되었던 '느낌'이라고 말했다. 그런데 이 느낌은 일반적으로 우리가 말하는 느낌과 차이가 있다. 보통 느낌이라고 할 때 우리는 그 느낌의 정체를 안다. 다시 말해 기쁨, 슬픔, 두려움, 역겨움 등 느낌의 이름을 알고 이를 분명하게 정의할 수 있다. 이를테면 기쁨은 '어떤 만족감에 의해 느끼는 즐겁고 흥겨운 감정'이다. 따라서 우리는 기쁨이 오고가는 것도 알고 어떻게 하면 기쁜 느낌을 오래 간직할 수 있을지도 안다. 한마디로 느낌은 우리가 알아차리고 통제하고 관리할 수 있다는 말인데, 이는 느낌과 느낌에 대한 인식이 연결되어 있기 때문이다. 그래서 생각을 통해서 느낌을 일으키기도 하고 느낌을 바꾸기도 한다. 그러나 자의식이 생기기 전 영·유아는 느낌을 지칭하는 이름과 언어를 갖고 있지 못한 상태이므로 느끼면서도 그것이 무엇인지 알지 못한다. 다만, 느끼고 행동할 따름인데 행동의 결과에 따라 어떤 느낌은 생존에 유리하고 어떤 느낌은 생존에 불리하다는 각인을 쌓아 가기 시작하며, 생존에 불리하다고 각인된 느낌은 숨기고 억압하게 된다.

이렇게 숨겨지고 억압된 느낌은 정체가 불분명한 채로 우리의 내면을 떠다닌다. 그러므로 뒤늦게 성인이 되어 이들을 정확하게 알아차리고 그 안에 담긴 에너지를 해소하는 일이 그리 쉽지 않다. 어떤 계기를 통해 그 느낌들을 다시 체험하지 않는 한, 그리고 그 느낌에 들어 있는 에너지를 적절하게 풀어내지 않는 한 우리는 이 느낌의 영향에서 벗어나기가 어렵다. 다른 차가 끼어들 때마다 반사적으로 과격하게 반응하는 나의 행동이 쉽게 바뀌지 않는 이유가 여기에 있다.

불편을 벗어나기 위한 전략

앞에서 영·유아기 시절에 숨기고 억압한 느낌은 사라지지 않고 지속적으로 우리 마음을 불편하게 한다고 말했다. 그렇다면 이 불편한 느낌의 영향력을 벗어나기 위해 나는 어떤 전략들을 쓰며 살아왔을까?

가장 먼저 머리에 떠오르는 건 '~아닌 체' '~없는 체' 무시하는 전략이다. 속에 있는 불편함에 관심을 갖지 않는 것이다. 이런 불편함은 내게 의식이 생길 때부터 시작된 아주 오래된 느낌이므로 이미 익숙해졌는데 새삼 관심을 가질 필요가 없다. 내 존재의 한 구석에 있는 어두운 그늘이라고 여기고 모르는 채 그냥 내버려 두는 것이다. 한마디로 체념이다.

둘째, 더 좋은 보상을 받기 위한 일에 몰두하는 전략이다. 원래 내가 느낌을 숨기고 억압한 이유는 내 생존에 중요한 영향을 미치는 다른 사람들에게 맞추기 위해서였다. 내 느낌보다는 그들이 제공하는 보상이 내 삶에 유용하기 때문이다. 그런데 그들이 제공하는 보상은 거의 내가 무엇인가 좋은 일을 했을 때 주어진다. 따라서 일에 아주 열심히 매달려 원하는 보상을 얻어 냄으로써 불편했던 느낌을 숨기고 억압했던 처음 목적을 충실하게 성취하려고 한다. 원래 느낌을 더 강력한 허울 속으로 숨겨 버리는 것이다.

셋째, 그럴싸한 이유를 찾아 꿰맞추는 전략이다. 불편한 느낌이 커지면 그냥 지나치기가 어려워진다. 그럴 때면 최근 나의 행적을 더듬으며 이 느낌이 비롯된 출처를 찾아 나름대로 합리화를 함으로써 불편한 느낌을 해소하려고 한다. 이를테면 어제 친구를 함부로 대했던 행동이 오늘 불편한 느낌의 원인이라고 단정하면서 불편한 느낌을 줄이려고 하는 식이다. 합리화를 통한 진정시키기라고 말할 수 있다.

넷째, 중독 물질에 의지하여 잊어버리는 전략이다. 내가 주로 의지하는 중독 물질은 술이다. 술을 마시다 보면 어느새 불편한 느낌은 사라지고 기분이 좋아진다. 나는 사람들과 어울리기 위하여 술을 마신다고 말하지만 때로 지나친 음주로 속이 아파 괴로워하면서도 술자리를 싫어하지 않는 걸 보면 상당히 술에 중독된 셈이다. 모든 것을 마비시키는 술의 효과에 불편한 느낌을 떠내려 버리려는 행동이다. 내가 주로 의지하는 물질은 술이지만 사람에 따라 사용하는 중독 물질은 다양하다. 담배, 약물, 음식, 약초 등이 대표적이다.

다섯째, 불편한 느낌을 있는 그대로 끌어안는 전략이다. 불편하면 불편한 대로, 불안하면 불안한 대로 그 불편함과 불안함을 있는 그대로 간직한 채 일상생활을 해 나가는 것이다. 이는 엄연히 존재하는 느낌을 있는 그대로 수용한다는 점에서 억지로 무시하거나 다른 체 하는 전략보다 훨씬 진일보한 방법이다. 이렇게 끌어안으면 불편한 느낌의 강도와 빈도가 현저하게 약해진다. 실제로 이 방법은 지금도 내가 살아가는 데 큰 도움이 된다.

여섯째, 불편한 느낌의 오고감을 가만히 지켜보는 전략이다. 모든 느낌이 그렇듯이 불편한 느낌 역시 파도가 치듯 의식 속을 들락날락한다. 들락날락거리는 이 느낌을 마치 영화를 구경하듯 가만히 지켜보고 관찰하는 것이다. 이렇게 함으로써 불편한 느낌이 오고가는 과정과 이들이 일으키는 다양한 효과를 알아차릴 수 있다. 이렇게 지켜봄으로써 알아차림을 지속하다보면 불편한 느낌이 머무는 시간이 점점 짧아진다. 이 역시 최근에 내가 주로 활용하는 방법이다.

아주 어릴 때부터 숨기고 억압한 느낌이 일어날 때 내가 대응해 온 방법들을 살펴보았다. 이 방법들 중에는 건강한 방법과 그렇지 못한 방법들이 섞여 있다. '건강'을 몸이나 정신에 탈을 주지 않는 상태라고 정의하면, 불편한 느낌의 존재를 무시하거나 외면하는 전략은 건강하지 못한 반면 그 느낌을 수용하고 인정하려는 전략들은 건강한 방법이라고 말할 수 있다. 건강한 방법은 대체로 불편한 느낌을 줄이는 결과를 가져오기 때문이다. 그런데 건강하지 못한 방법은 아주 어릴 때부터 시작되어 지금까지 지속적으로 사용된 전략들이다. 다시 말해 정상적인 지각 능력이 형성되지도 않았던 아주 어릴 때부터 활용하기 시작한 전략을 나는 성인이 된 지금도 그대로 활용하고 있다. 어른이 되었음에도 위축된 어린 자기(disprited child self)의 지시를 그대로 따르고 있었던 것으로, 미숙한 아이를 느낌의 안내자로 삼아 우스꽝스런 삶을 살아온 것이다. 그나마 상담을 하는 덕분에 느낌을 대하는 건강한 방법을 알고 활용하게 되었다는 점이 천만다행이다.

건강한 방법이든 건강하지 못한 방법이든 앞에서 말한 숨기고 억압했던 느낌에 대한 대응 전략은 모두 그 느낌의 영향력을 줄이는 데 초점이 맞춰져 있다. 그러니까 숨기고 억압했던 느낌은 항상 내면 어딘가에 있으면서 의식·무의식적으로 삶에 영향을 끼치고 있다는 기본 사실을 대전제로 인정한 채, 그 영향력을 최소화하는 쪽에 힘을 쓰고 있다. 이렇게 하는 한 앞에서 내가 제시한 진정한 '자유', 즉 모든 것을 나로 말미암는 '자유'를 누리는 일은 불가능하다. 왜냐하면 그것이 아무리 작은 것일지라도 나는 항상 내가 알지 못하거나, 또는 내가 자각하지 못한 채 이루어진 일들에 의해 영향을 받고 있기 때문이다. 그렇다면 모든 것에서 벗어난(적어도 정신적으로) 진정한 자유는 원천적으로 불가능한 것인가?

나는 그렇지 않다고 생각한다. 만일 내가 아주 어릴 때 나도 모르게 숨기고 억압했던 느낌, 그리하여 지금도 의식·무의식적으로 나에게 영향을 주고 있는 느낌을 근본적으로 완전히 제거해 버린다면, 나는 자유로울 수 있다. 문제는 그 느낌의 정체를 파악하고, 그 느낌 안에 담겨 있는 에너지를 풀어내어 소진시켜 버리는 것이다. 마치 터질 듯 팽팽한 풍선에 구멍을 뚫어 공기를 빼듯 숨기고 억압된 느낌을 찾아 그 안에 담긴 에너지를 다 빼 버리는 것이다. 이렇게 하면 그 느낌은 나의 존재 안에 설 자리도 없고 행사할 힘도 가지지 못하기 때문에 더 이상 나를 방해하는 장애물이 될 수 없다. 그때 비로소 나는 나를 얽어매던 최초이며 최후의 사슬에서 벗어나 '나는 자유인!'이라는 소리를 외칠 수 있을 것이다.

진정한 자유를 위하여

내가 말하는 진정한 자유는 어떤 상태를 말하는 걸까? 혹시 현실에서는 찾기 어려운 유토피아를 말하는 것은 아닐까? 그렇지 않다. 그 구체적인 예를 천진난만한 어린아이들에게서 찾을 수 있다. 아직 사회적인 시선에 오염되지 않은 아이들은 그야말로 자유롭다. 아이들은 자기 욕구에 따라 자연스럽게 움직이고 행동한다. 그리하여 마음이 가는 대로, 또는 호기심이 이는 대로 몸을 움직여 주변 세계를 탐색하면서 웃고 울고 소리친다. 이 아이들은 웃을 때 세상이 온통 즐거움으로 가득찬 듯 정말 기쁘게 웃고, 울 때에도 정말 온 힘을 다해서 슬프게 운다. 무엇인가 관심이 가는 곳이면 모든 것을 다 잊고 깊이 몰입하여 빠져든다. 이들의 행동은 그야말로 카르페 디엠(carpe diem)! 주어진 순간순간을 충실하게 누리고 있다. 거기에는 시간, 그러니까 걱정해야 할 과거도 없고 준비해야 할 미래도 없다. 있다면 오직 대상과 하나되어 누리는 지금이 있을 따름이다.

이때 어린아이는 삶이 주는 충만함과 싱싱함과 창의성으로 빛이 난다. 살아 있음 자체가 주는 기쁨을 통째로 누리며 진정한 자유를 만끽하는 것이다. 이들의 삶 자체가 바로 천국이다. 마태복음 18장 2절에서 4절까지 예수는 이렇게 말한 바 있다.

> "예수께서 한 어린아이를 불러 저희 가운데 세우시고 가라사대 진실로 너희에게 이르노니 너희가 돌이켜(다시) 어린아이들과 같이 되지 아니하면 결단코 천국에 들어가지 못하리라."

어린아이같이 되어야 천국에 들어갈 자격을 갖출 수 있다는 말인데, 천국을 특정 장소가 아니라 정신적 상태라고 풀이하면, 어린아이 같음이 곧 천국이라는 말과 다르지 않다. 여기서 어린아이 같음은 바로 순간에 살며 진정한 자유를 누리는 삶을 말한다. 다시 말해 현전재성에 충실한 삶, 즉 주어진 순간 지금을 충실하게 누리며 전체로 존재하는 삶을 뜻한다. 내가 생각하는 진정한 자유는 어린아이들이 누리는 현전재성이 충만한 삶을 말한다. 어린이가 나의 이상적 모델이다.

하지만 이미 어른이 된 내가 다시 어린아이가 될 수는 없다. 그렇다면 어떻게 해야 한단 말인가? 간단하다. 예수의 말처럼 돌이켜(다시) 어린아이 같으면 된다. 아직 주변 사람들과 사회에 의해서 오염되지 않은, 숨기고 억압할 일없이 느낌을 마음껏 표현하고 살던, 내 안의 어린아이(child self)를 부활시키면 된다. 한때 생명의 자연스런 흐름을 따르며 찬란하게 빛을 내다가 사회를 대리하는 부모를 만나고 통제와 억압으로 가득한 환경을 만나면서 위축되고 고립된 내 안의 어린아이를 다시 살려내면 된다. 문제는 역시 방법에 달려 있다.

지금까지 내 안의 어린아이를 지칭하면서 나는 두 가지 대립되는 특성을 말하고 있다. 밝고 건강한 생명력이 넘치는 어린아이와 위축된 어린아이다. 원래 어린아이는 생명 그 자체로서 활력이 넘치는 존재다. 그 어린아이가 자신이 태어난 사회에 생존하고 적응하기 위해 어쩔 수 없이 긴장하고 움츠려든 결과 형성된 것이 위축된 어린아이다. 그러니까 위축된 어린아이는 사회화된 어린아이라고 말할 수도 있다. 따라서 처음에 존재했던 생명력이 넘치는 원형 어린아이를 복구하려면 두 가지 방면의 작업이 이루어져야 한다. 사회화된 어린아이를 그 묶임에서 벗어나게 하는 일, 그리고 원래부터 어린아이 안에 들어 있는 생명력을 활성화하여 자연스럽게 흐르게 하는 일이 그것이다.

나는 이 두 가지 방면의 작업 중에서 첫 번째 것, 그러니까 위축된 어린아이를 묶임에서 자유롭게 하는 일이 선행되어야 한다고 생각한다. 앞에서 말한 숨기고 억압된 느낌의 정체를 파악하고 그 느낌 안에 있는 에너지를 풀어내어 소진시키는 일이 바로 그것이다. 이렇게 할 때 내 안의 어린이는 묶임에서 벗어나서 원래의 생명력을 되찾을 것이며, 서서히 정상적인 성장을 시작할 것이다. 그때 나는 순간순간 살아 움직이며 현전재성으로 충만한 삶을 살아갈 수 있을 것이다. 삶과 생명이 허락하는 최고의 기쁨을 누리는 일이 바로 여기에 있다.

확실히 천진난만한 어린이들이 누리는 자유와 내가 현재 누리는 자유 사이에는 상당한 차이가 있다. 객관적으로 상당히 자유롭다고 여기고 있음에도 나의 삶에는 뭔가 빠진 것이 있다. 살아 있음을 온 존재로 느끼지 못하고, 내가 향유할 수 있는 유일한 지금을 놓치며 살 때가 허다하다. 삶이 기쁨과 충만으로 빛나기는커녕 지루하고 불편하고 힘겨울 때가 많다. 나이가 들었으니 안정된 삶을 사는 것이 당연하다는 거짓 위로로 다독여 보지만 내 삶에 문제가 있다는 것이 확실하다.

이제 내가 자유롭지 않다는 걸 인정하고 무언가 새로운 노력을 해야 할 시점이라는 걸 알겠다. 그 첫걸음은 지금까지 나를 무겁게 내리누르고 있었던 과거, 그러니까 생존과 적응을 위해 그동안 내가 숨기고 억압했던 느낌 그리고 그 안에 담긴 에너지를 풀어내는 일이다. 진정한 자유를 누리기 위하여 다시 내 생의 처음으로 돌아가야겠다.

02
큰 나, 작은 나, 가짜 나

나는 어떤 존재이고 어떻게 살아가는 게 잘 사는 걸까?

지천명을 넘어 이순을 바라보는 나이에도 이 질문은 내게서 떠나지 않는다. 아직도 답을 찾지 못했기 때문일까? 아니면 나라는 존재 자체가 원래 진짜 모습을 드러내지 않기 때문일까? 요즘 내 머리에서 떠도는 '나'에 대해 생각을 정리하며 답을 찾아보자.

우선 나는 저절로 생긴 존재가 아님이 틀림없다. 나의 몸 자체가 어느 날 갑자기 생긴 것이 아니다. 내 몸이 생기기까지 수없이 많은 진화 과정을 거쳤음이 분명하다. 진화론에 따르면 나의 몸은 단세포에서 시작하여 수십 억 년을 거쳐 수많은 형태의 몸을 거치며 서서히 만들어졌을 것이다. 창조론을 따르더라도 적어도 수천 년 동안 다른 사람들의 몸을 거치고 또 거치며 만들어졌을 것이다. 어느 것이 맞는 주장이든 내 몸이 아주 오랫동안 수많은 몸에 의지하여 만들어지고 형성되었다는 사실을 인정할 수밖에 없다. 가깝게는 부모의 몸을 통해 세상에 나왔지만, 이 몸에 숨겨진 유구한 역사성은 부인할 수 없는 사실이다. 따라서 나는 내 부모의 자식일 뿐 아니라 몸을 가진 수없는 선행 생명체들의 자손이기도 하다.

몸과 더불어 내가 받은 또 하나 중요한 것이 있다. 바로 생명이다. 나의 몸을 살아 움직이게 하는 원천이요, 에너지가 생명이다. 몸이 그렇듯이 생명 역시 갑자기 하늘에서 떨어진 것이 아니다. 이 역시 헤아리기 어려운 오랜 세월을 거치며 도도하게 흐르는 생명의 강줄기가 나에게까지 이어진 것이다. 그러니까 나의 생명은 홀로 고립되어 있지 않고 생명의 흐름이 만드는 거대한 네트워크에 연결되어 있다. 따라서 내가 가진 생명 역시 그 안에 오래된 역사성과 관계성을 품고 있다. 생리적으로는 난자와 정자가 만나 모태에서 잉태되는 순간 나의 생명과 몸이 형성되지만, 근원을 파헤쳐 보면 이 생명과 몸은 오랜 세월 진화하고 발달해 온 역사의 산물이요, 관계의 유산이다. 따라서 나의 생명은 나의 생명일 뿐 아니라 생명을 가진 수많은 선행 생명체들의 연장이기도 하다.

　나의 몸이 선행 생명체들의 자손이며 나의 생명이 선행 생명체들의 연장이라는 말은 내 몸과 생명에 나를 앞서 살아간 생명체들의 흔적이 깃들어 있다는 뜻이기도 하다. 그러니까 나는 나이면서 동시에 나를 넘어서 있는 존재다. 다시 말해 나는 분리된 개인이면서 동시에 생명의 큰 흐름에 동참하고 있는 생명 공동체의 일원이기도 하다. 나라는 존재의 기본 세포 속에 나를 초월하게 하는 엄청난 생명력이 들어 있다는 말이다. 앞으로 나는 분리된 개별자인 나를 초월하게 하는 이 생명을 '큰 나'로, 그리고 그 '큰 나'의 흐름에 동참하면서 삶의 현실 속에서 '큰 나'를 실현하며 이를 온전히 드러내는 나를 '작은 나'로 부를 것이다.

　여기서 굳이 '큰 나'와 '작은 나'를 구분하려는 데는 나름대로 이유가 있다. 비록 내 안에 '큰 나'가 들어 있는 것이 확실하지만, 이 '큰 나'는 항상 배경이요, 가능성으로서 존재하기 때문이다. 옥수수 씨앗 안에는 옥수수가 성장하며 드러낼 모든 생명의 가능성이 완벽하게 들어 있지만 실제 옥수수가 환경이라는 실재를 만나 이 가능성을 온전하게 실현하기 전까지 옥수수가 가진 생명의 실체는 어디까지나 가능성으로 남아 있는 것처럼 내게 흐르는 생명의 흐름 역시 마찬가지다. 따라서 배경이자, 가능성으로 존재하는 생명을 '큰 나'로 그리고 삶의 현장 속에서 '큰 나'를 하나씩 드러내며 구현하는 생명의 성장 과정을 '작은 나'로 구분해 살피는 것이 좋을 것 같다. 궁극적으로 '작은 나'와 '큰 나'가 완전 합치되거나 또는 '작은 나'가 온전히 '큰 나'로 발현될 수 있기를 바랄 뿐이다.

인류의 큰 스승들이 말하는 '큰 나'

사실 '큰 나'에 대해서는 이미 인류의 위대한 스승들이 다양한 방식으로 설명하고 표현한 바 있다. 스승들은 각자 자신이 살아간 시대의 언어로 '큰 나'를 말하고 있어서 용어도 다르고 표현 방식에도 차이가 있지만, 근본적인 내용은 동일하다고 판단된다. 대표적인 몇 가지를 살펴보자.

먼저 석가모니 부처가 말하는 불성이다. 불성(佛性)은 '모든 중생이 본디 가지고 있는, 부처가 될 수 있는 성질'이라는 뜻이다. 그러니까 모든 사람은 부처가 될 수 있는 성질을 자기 안에 지니고 있다는 말이다. 이 불성이 바로 '큰 나'에 해당한다. 그렇다면 나에게도 부처, 즉 깨달음을 얻은 자라고 일컬을 수 있는 '큰 나'가 존재한다. 따라서 나에게서 '큰 나'가 정상적으로 호흡하고 있다면 나는 석가모니 부처와 마찬가지로 깨달음을 얻은 자의 모든 누림을 누리며 살 것이다. 좀 더 구체적으로 말하면, 나는 그 어느 것에도 방해받지 않는 대자유를 향유하며 순간순간 깨어 인격의 완전함을 누릴 것이며(깨달음), 온갖 종류의 번뇌와 속박에서 벗어나 편안한 경지에 이르러 있을 것이며(해탈), 인간의 상상을 초월한 평화로운 상태에 머물 것이며(열반), 인위적인 노력이 가해지지 않은 평상시의 자연스런 마음을 유지할 것이며(평상심), 분별하는 의식을 깨달음의 지혜로 바꿀 것이며(전식득지), 사람이 괴로움에 빠지는 열 가지 과정에서 자유로울 것이다(미십중으로부터의 자유). 아울러 깨달은 자에게서 나오는 신통력, 즉 자기와 남의 과거를 모두 알 수 있는 숙명통, 모든 사물을 자유자재로 꿰뚫어볼 수 있는 천안통, 마음대로 번뇌를 끊을 수 있고 생사윤회를 벗어날 수 있는 누진통, 세상의 모든 소리를 다 알아듣는 천이통, 다른 사람이 마음에 생각하고 있는 선악을 모두 알아내는 타심통, 산, 바다, 하늘을 마음대로 날아다니는 신여의통 등을 거침없이 구사하며 살아갈 것이다. 불교의 인사말 "성불하세요!"라는 말에는 이처럼 거창하고 깊은 뜻이 담겨 있다.

　노자의 도가에서 말하는 도덕(道德) 역시 '큰 나'에 비유할 수 있다. 도가에서는 '나'에 대해 적극적으로 말하지 않는다. 도가의 사상을 대표하는 『도덕경』에서조차 '나'에 대한 언급은 찾아보기 힘들다. 세상을 현명하게 살아가는 처세술에 대하여 세세하게 설명한 책에서 '나'의 본질에 대해 일언반구 말이 없는 것이 이상하기까지 하다. 그러나 『도덕경』을 음미해 보면 그 내용 모두가 '나'에 대한 것임을 알 수 있다. 사실 『도덕경』이 제안하는 처세술은 모두 '나'의 삶에 관한 것들이다. 그럼에도 굳이 '나'를 특정하여 언급하지 않은 데는 그럴 만한 이유가 있을 것이다. 추측건대, 도를 도라고 하면 이미 도가 아닌 것처럼 '나'라는 용어를 한정하여 붙임으로써 생길 수 있는 오해를 피하려고 한 것 같다. 어쨌거나 노자는 만물과 마찬가지로 '나'의 근원을 도와 덕에 두고 있다. 도덕에서 나와서 자라고 자라다가 결국 본래의 자리로 되돌아갈(16장) 따름이라는 것이다. 『도덕경』에 표현된 도를 거칠게 요약하면, 도는 스스로 존재하는 것으로서 쉽게 지각할 수 없지만 황홀하게 실재하며, 천지만물을 시작한 근원이면서 동시에 만물 사이를 운행하여 창조와 생성을 지속시키는 추진력인데, 그 운행이 은밀하여 하지 않으면서 다 하는 것이다. 덕은 도가 구체화되고 분화된 것으로서 도를 바탕삼아 세상만물에 관여하며 도를 완성하는 역할을 수행하는 것이다. 이 도덕의 원리에 충실하게 살 때, 나는 마음을 고요하게 유지할 수 있고, 덜고 또 덜어서 비어서 함이 없는 경지에 이를 것이며, 밝고 밝아 사방을 비추며, 족함을 알면서 편안하게 오래 살 것이다.

유학에서 말하는 도심(道心) 역시 '큰 나'로 여길 수 있다. 유학에서는 마음을 도심과 인심으로 나누어 설명한다. 도심은 인의예지와 같은 도덕적 본성을 따르는 마음의 작용으로서 하늘이 부여한 원리와 법칙(理)을 따르는 건강한 마음이며, 인심은 기(氣)에서 발생하여 욕심에 따라 타락할 수 있는 위태로운 마음을 뜻한다. 이 도심이 바로 '큰 나'라고 할 수 있다. 따라서 나에게서 '큰 나'에 해당하는 도심이 정상적으로 살아 움직인다면 나는 원래 하늘이 내게 부여한 원리와 법칙에 따라 성인 또는 군자의 길을 걸어갈 수 있을 것이다. 다시 말해, 매사에 남을 배려하고 사랑하며(인), 의리를 알고 정의를 행하며(의), 겸손하고 양보할 줄 알며(예), 지혜를 모아 슬기롭게(지) 살아갈 것이다. 그 결과 고요할 때나 활동할 때나 항상 맑고 투명한 마음을 유지할 것이며 사회적인 관계 역시 조화롭게 다스려갈 것이다.

아마도 기독교인에게는 성령(聖靈)이 '큰 나'로 간주될 수 있을 것이다. 예수는 제자들에게 자기가 세상을 떠나면 아버지인 하나님께 청하여 제자들과 영원토록 함께할 보혜사 성령을 보내 줄

것이라고 약속한다. 또 이 성령은 진리의 영으로서 세상은 저를 알지 못하지만 제자들은 저가 그들과 함께 거하고, 또 그들 속에 계시기 때문에 알 수 있다고 말한다(요한 14: 15~18). 더구나 예수의 이름으로 보내지는 이 성령은 제자들에게 모든 것을 가르치고 예수가 가르친 모든 것을 생각나게 할 뿐 아니라, 하나님을 아버지라 부를 수 있는 자녀의 권리를 부여한다. 따라서 성령으로 거듭난 기독교인은 '이제는 내가 사는 것이 아니라 내 안에 그리스도가 사는 것(갈라디아 2: 20)'이라는 확신에 찬 고백을 할 수 있게 된다. 이렇게 자신 안에 거하는 성령을 따라 움직이는 기독교인은 항상 진리 가운데에 머물 것이며, 예수가 한 일 뿐 아니라 그보다 더 큰 일도 할 것이며, 무슨 일을 하든지 만사가 합력하여 선을 이룰 것이다.

그러고 보니 소크라테스도 진리는 사람들 안에 이미 완성된 형태로 존재해 있고, 자신이 하는 역할은 이 진리가 제 모습 그대로 사람들에게 구현되도록 돕는 것에 불과할 뿐이라며 자신이 활용하는 문답식 교육 방법을 산파술이라고 부른 바 있다. 소크라테스 역시 사람들에게 '큰 나'라고 불릴 수 있는 그 무엇인가가 존재함을 인정한 것이다. 이렇게 많은 스승이 다양한 방식으로 '큰 나'를 언급하고 있다. '나'를 부처와 성인과 신의 경지에 올려놓고 또 도덕과 진리로 빛나게 하는 바로 그런 존재 말이다.

큰 나를 숨겨 버린 방해꾼의 정체
세상의 모든 대상과 분리되어 생각으로 똘똘 뭉친 '가짜 나'

그런데 도대체 무슨 일이 벌어졌기에, 이 '큰 나'가 현재를 살아가는 나에게 감추어져 버린 것일까? 생명의 흐름을 통해 분명 나에게 전해졌을 '큰 나'는 도대체 나의 어디에서 숨을 쉬고 있단 말인가? 나의 일상생활을 조금만 들여다보아도 부처는커녕 벌레만도 못하게 여겨질 때도 있고, 진리에서 멀리 떨어져 무지의 사막을 헤매고 다닐 때가 허다하니 말이다. 삶의 현장에서 헤매고 있는 나를 보면 '큰 나' 같은 것은 그냥 그럴듯한 허구에 불과하다는 생각에 젖을 따름이다. 그렇다면 '큰 나'는 정말 거짓일까? 그렇지는 않은 것 같다. 만일 이를 거짓이라고 한다면, 나에게까지 전달된 생명의 강줄기를 부인해야 할 뿐 아니라 인류의 위대한 스승들을 거짓말쟁이로 몰아야 한다. 그리고 살아오면서 내가 접했던 몇 가지 특이 체험, 이를테면 꿈에서 한없이 추락하던 나를 떠받쳐 준 거대하고 든든한 손이 주던 말할 수 없는 안도감이라든가, 요가를 수행하는 도중 수천만 볼트가 넘을 법한 전류가 온몸을 관통할 때 맛보았던 전율이라든가, 극심한 복통으로 생각이 끊어진 순간 나를 지켜보던 고요한 눈길에 대한 체험을 모두 헛것으로 돌려야 하기 때문이다. 그렇다면 나에게서 '큰 나'를 찾아내는 것이 답을 찾는 지름길이다. 나와 더불어 존재하지만 무엇인지 모를 방해를 받아 가리고 숨겨져서 본래의 진면목을 잃어버린 '큰 나'를 원래의 모습으로 찾아내는 것이다. 이를 위해 먼저 '큰 나'를 가리고 숨겨 버린 방해꾼을 찾아 그 정체를 드러내 보자.

　방해꾼의 정체를 찾으려면 아무래도 어린 영아 시절로 돌아가야 할 것 같다. 생명의 자연스러움으로 빛을 내던 때도 이 시절이요, 세상으로 들어오면서 그 빛을 거두기 시작한 때도 이 시절이기 때문이다. 추측건대 이 두 시기, 그러니까 생명의 빛을 발산하던 시기와 이를 감추기 시작한 시기 사이에 무언가 심각한 일이 벌어졌을 것이다. 이때 나에게 무슨 일이 벌어졌을까? 내가 가진 배경지식에다 추리력의 힘을 빌려 상상의 나래를 펼쳐보자. 처음 나에게 전달된 생명은 그 속성을 따라 자연스럽게 움직였을 것이다. 아마 이때의 나는 아직 느끼기(feeling)도, 생각하기(thinking)도 미처 발달하지 않은 감각(sensing) 덩어리였을 것이다. 그리하여 눈과 손을 비롯한 온몸으로 환경과 대상 세계를 접하면서 '감각' 하게 되고, 감각에서 오는 '느낌'을 따라 외부 대상 세계에 대한 나만의 이미지를 만들어 갔을 것이다. 그러면서 점차 생존과 적응에 유리한 감각은 좋은 느낌으로, 그리고 생존과 적응에 불리한 감각은 나쁜 느낌으로 받아들였을 것이다. 아울러 좋은 느낌을 주는 대상과 감각 그리고 나쁜 느낌을 가져오는 감각과 대상을 구별할 줄 아는 '생각하는 기능'을 발전시키게 되었을 것이다. 처음에 어설프게 좋고 나쁨을 구별하고 평가하던 이 '생각하는 기능'은 경험이 되풀이되면서 점점 더 세련되었을 것이고, 점차 나의 생존과 적응을 보장하는 중심 기제로 자리를 잡아갔을 것이다. 그리고 생각하는 기능이 중요해지면서 생각하기는 단순히 감각과 느낌에 대한 구별과 평가를 하는 과정에 머물지 않고 점차 '생각(thought)'이라는 실체로 자리를 잡게 되었을 것이고, 이때부터 '나'는 생각 중심으로 구성되기 시작했을 것이다. 그러니까 생각하는 과정(thinking)과 생각하기의 결과물인 생각(thought)이 온통 나를 채우게 되었다는 말이다.

지금 이 '생각'은 너무나 자연스러워서 '이것이 없는 나'를 상상하는 것조차 어려울 정도로 깊숙이 나를 점령하고 있다. 지금도 내 머릿속에는 끊임없이 생각이 펼쳐지고 있다. 문제는 바로 여기 어디서쯤 발생한 것 같다. 처음에 미세하게 시작되었던 생각에 힘이 붙으면서 나의 존재 전체를 좌지우지하는 폭군으로 커져 버린 것이다. 생각이 과잉 작용하면서 결국 '나'가 생각에 따라 감각하고, 느끼고, 행동하는 생각의 포로가 되어 버렸다는 말이다. 한마디로 '나'가 '생각'이요, '생각'이 '나'가 되어 버린 것이다. 그리하여 생각 속에 들어앉은 '나'는 '나' 이외의 세계를 대상으로 만들어 버리는 이분법에 성공한다. 바깥세상은 말할 것도 없고, 심지어 '나' 속에 있는 감각, 느낌, 마음까지도 대상으로 만들어 놓고 그것들을 인식하는 '나'가 따로 있다고 착각하게 만들었다. 다른 모든 것에서 분리 독립된 '나'가 형성된 것이다. 그리고 이 독립되어 홀로 선 '나'라는 생각은 분리된 몸을 가지고 있는 나에게 아무런 의심 없이 아주 자연스럽게 받아들여졌다. 그리하여 나는 생각을 선장으로 삼아 내 삶의 항해를 하고 있었다. '큰 나'와 떨어진 채, 그리고 내가 속해 있던 전체에서 떨어져 나와 열심히 '생각'으로 만들어진 고독한 성을 쌓으면서…… 편의

상 나는 이 나를 '가짜 나'라고 부르겠다.

'가짜 나'가 전부 틀린 것만은 아니다. 실제로 '나'는 몸도 아니고, 감각도 아니고, 느낌도 아니다. 나에게 그런 요소가 있기는 하지만 그것을 대상으로 인식할 줄 아는 '나'라는 존재가 따로 있다는 점을 고려하면 내가 그것들로 한정될 수 없다는 점은 분명하다. 그런데 이렇게 추론하면 '나'가 생각이 아닌 것도 분명하다. 왜냐하면 생각을 하고 있는 '나'를 바라보는 또 다른 '나'가 존재하기 때문이다. 따라서 몸, 감각, 느낌과 마찬가지로 생각 역시 나를 구성하는 한 요소일지언정 그것이 나를 한정하는 내용이 될 수는 없다. 나는 그런 것들을 모두 간직하고 있으면서도 또 그것들을 넘어선 존재일 수밖에 없다. 그런 점에서 '가짜 나'의 인식, 즉 '나'는 그것들을 넘어선 더 큰 존재라는 지적은 타당하다. 하지만 그 '나'가 다른 것들과 분리된 독자적인 어떤 것이라는 생각에는 의문을 제기할 수밖에 없다. 왜냐하면 독자적으로 존재하는 실체로서의 '나'는 그 어디에서도 찾을 수 없기 때문이다.

내가 직접 알아가는 세계, 체험

그렇다면 '나'는 어떻게 알 수 있을까? 이에 대해 답을 구하려면 '체험'에 대해서 살펴봐야 할 것이다. 내가 나와 세상에 대해서 알아가는 유일한 길이 바로 '체험'이기 때문이다. 지금 창밖에서 귀뚜라미 소리가 들리고 있다. 나는 이 귀뚜라미 소리를 어떻게 아는가? 내가 정말 이 귀뚜라미 소리를 아는가? 그러니까 귀뚜라미 소리가 '나' 밖에 객관적으로 따로 있고 '나'가 따로 있어서 그것을 아는 것인가? 이분법에 따르는 보통 상식에 의하면 이게 맞는다. 그러나 곰곰이 따져보면, 나는 귀뚜라미 소리를 아는 것이 아니다. 내가 아는 것은 귀뚜라미 소리를 듣고, 그것을 체험하는 나다. 그러니까 정확하게 말해 내가 아는 것은 귀뚜라미 소리가 아니라 그에 대한 나의 체험이다. '나'는 '알아차림'이나 '체험'을 떠나서 귀뚜라미 소리를 알 수가 없다. 다시 말해, 내가 알아차리거나 체험하지 않으면 귀뚜라미 소리에 대한 앎도 없다는 말이다. 그러므로 나는 귀뚜라미 소리를 나의 알아차림과 체험 안에서 안다. 그런데 이 알아차림과 체험은 다름 아닌 바로 나다. 따라서 귀뚜라미 소리에 대해 내가 아는 것은 나의 알아차림이요, 나의 체험이요, '나'다. 결국 내가 체험하는 대상과 그 대상을 체험하는 내가 분리된 존재가 아니라 하나라는 말이다. 아는 나와 알려지는 대상, 알아차리는 나와 알아차려지는 대상, 체험하는 나와 체험되는 대상이 하나라는 말이다. 그러니까 본질상 '나'와 '대상' 둘은 나뉜 것이 아니라 하나다. '가짜 나'는 이걸 억지로 떼어 놓음으로써 결국 '나'와 '대상'을 분리된 두 개의 영역으로 갈라놓고, 나를 외톨이 존재로 전락시켜 버렸다. 이렇게 외톨이가 된 '가짜 나'는 생각을 앞세워 끊임없이 대상 세계를 향해 무언가를 요구하고 주장하고 저항하고 희망하며 온갖 싸움을 벌이고 있다. 진상이 이렇다면 참으로 어처구니없는 노릇이다.

　나와 대상이 둘이 아니라 하나라는 사실을 좀 더 쉽게 이해해 보기 위해 사과를 예로 들어 보자. 나는 사과를 알 수 있을까? 알 수 있다면 어떻게 알 수 있을까? 여기서 안다는 말 자체부터 매우 애매모호하다. 사과가 어떤 맛인지, 어떤 모양인지, 어떻게 자라는지, 어떤 종류가 있는지, 어디에서 키우는지, 어떻게 팔리는지 등등 도대체 무얼 뜻하는지부터 헷갈린다. 어쨌거나 일단 맛을 안다고 가정하자. 맛을 알기 위해서는 일단 사과를 먹어 봐야 한다. 그래서 사과를 먹어 봤더니 달콤한 맛이 난다. 자, 그렇다면 이 달콤한 맛은 사과 자체의 맛일까? 아니면 내가 지금 체험한 사과 맛일까? 먹는 사람이 누구냐에 상관없이 늘 존재하는 사과 자체의 맛이라면 이 맛은 모든 사람에게 항상 동일한 맛으로 느껴져야 한다. 그런데 정말 그럴까? 입병이 난 사람에게 사과 맛은 쓰게 느껴질 수도 있고, 아이스크림을 먹고 난 후 먹는 사과는 이전과 다르게 밋밋한 맛으로 느껴질 수도 있고, 어떤 이에게는 달콤하게 느껴지는 사과 맛을 어떤 이는 시큼하다고 아예 먹기를 피할 수도 있다. 이렇게 사람에 따라 또는 사람의 상태에 따라 사과 맛이 달라진다면, 사과 맛은 사과를 먹는 사람이 체험하는 맛이라고 하는 게 옳다. 따라서 사과 맛은 원래 사과에 들어 있는 맛이 아니라 이에 대한 나의 체험 맛이요, 나에게서 나온 맛이라고 말할 수 있다. 결국 내가 사과 맛을 아는 것은 사과 맛에 대한 나의 체험을 알고 나를 안다는 말이다. 물론 나에게서 이런 체험을 일으킨 자극 요소는 사과라는 대상이지만 그 대상과 더불어 내가 체험하는 것은 바로 '나'라는 말이다. 이렇게 나와 사과 맛 또는 나와 대상은 서로 분리되지 않은 하나일 수밖에 없다.

사과 이야기가 나왔으니까 사과와 관련된 비유를 하나 더 들어 보자. 여기 빨간 사과가 있다. 사과의 이 빨간 색깔은 사과 자체의 색깔일까, 아니면 사과를 비추는 빛의 색깔일까? 흔히 우리는 빨간색을 띤 사과는 사과 자체가 빨간색을 지녔기 때문에 그렇게 보인다고 생각한다. 하지만 과학은 다르게 말하고 있다. 빛이 없으면 사과는 검게 보일 따름이다. 그런데 어둠 속에서 빨간 사과에 빛을 비추면 빨갛게 보이는 이유는 사과가 가진 고유한 색 파장과 충돌되어서 반사되는 빛의 색 파장이 붉은색이기 때문이다. 사과에서 보이는 빨간색은 사과 자체의 색이 아니라 빛이 사과에 반사되어서 나오는 색인 것이다. 그렇다면 사과의 빨간색은 사과 자체의 색깔이 아니라 빛의 색깔이라고 봐야 옳다. 물론 빨간 빛을 반사하는 속성을 사과가 가지고 있기 때문에 가능한 일이지만, 사과의 빨간 색깔이 빛에서 나온 것이라는 사실에는 변함이 없다. 그러니까 우리가 보는 사물들의 색은 실상 빛의 색깔이고, 따라서 우리가 보는 것은 대상이면서 동시에 빛이다. 이렇게 빛과 대상은 하나다.

빛은 단순히 대상을 보이게 할 뿐 아니라, 그 대상을 통해 자신을 드러낸다. 빛과 대상(빨간 사과)과의 이 뗄 수 없는 밀접한 관계, 바로 이것이 나와 대상(사과 맛)과의 관계이기도 하다. 그런데 나와 대상과의 이런 밀접한 관계는 사과에 한정되지 않는다. 나의 체험과 알아차림이 적용되는 모든 대상은 나와 이런 관계에 있다. 나는 대상을 보며(체험하며) 동시에 나를 본다(체험한다). 그러므로 대상을 보는(체험하는) 일은 곧 나를 보는(체험하는) 일이요, 대상을 아는 일은 곧 나를 아는 일이기도 하다. 체험 안에서 대상과 나는 이렇게 붙어 있기 때문에 굳이 '나'와 '대상'이라는 분리된 용어를 사용하는 것 자체가 오해를 불러일으킬 따름이다. 이렇게 대상을 모두 끌어안고 있는 나, 시간과 공간 모든 곳에 가득 차 있는 '나'가 바로 '큰 나'일 것이다. 깨달음은 얻은 석가모니가 외쳤다는 '천상천하 유아독존'이라는 말이 이제야 조금 이해된다.

알아차림을 어렵게 하는 훼방꾼, 생각

앞서 나를 알 수 있는 유일한 길은 체험이라고 하였다. 그렇다면 체험은 무엇을 말하는 것일까? 사전에는 체험을 '유기체가 직접 경험한 심적 과정' '경험과는 달리 지성·언어·습관에 의한 구성이 섞이지 않은 근원적인 것' '주관과 객관으로 나누기 전에 개인의 주관 속에 직접적으로 볼 수 있는 생생한 의식 과정이나 내용' 등으로 정의하고 있다. 그러니까 체험은 어떤 일을 겪을 때 아직 무엇이라고 분류하거나 정의하기 전에 그 일을 겪는 순간순간 접하는 생생한 삶의 원 자료라는 말이다. 이렇게 체험이 원 자료로서 삶의 과정과 내용을 구성하는 것이라면, 체험은 온통 나를 둘러싸고 있는 환경일 뿐 아니라 내가 직접 알 수 있는 유일한 세계다. 마치 물고기에게 물이 그런 것처럼 나에게 체험은 내가 알 수 있는 모든 것이다. 다만, 너무 익숙해서 체험을 잊고 살 따름이다. 마치 물고기가 물을 잊고 사는 것처럼.

그러면 나에게 체험은 어떻게 일어날까? 간단하다. 체험은 늘 감각으로(sensing), 지각으로(perceiving), 느낌으로(feeling), 생각으로(thinking), 심상으로(imagining) 일어난다. 문제는 이렇게 매순간 일어나는 체험을 알아차리지 못하는 데 있다. 감각을 예로 들어 보자. 지금 내 귀로는 여러 소리가 들려온다. 창밖에서 들려오는 귀뚜라미 소리, 여러 종류의 새소리, 이웃집 이삿짐 나르는 기계 소리, 사람들 두런거리는 소리, 그리고 컴퓨터 자판 두드리는 소리가 들린다. 이 소리는 아마 조금 전에도 있었을 것이고 지금도 일어나고 있는 중일 게다. 그런데 나는 이 소리를 거의 알아차리지 못하고 지낸다. 지금 이 소리를 알아차리는 것은 예를 들기 위해 여러 감각 중 소리를 선택하고 거기에 주의를 집중하기 때문에 가능했다. 그러나 이렇게 주의를 집중해도 나의 체험 망에 걸리는 수많은 소리 중 내가 알아차리는 것은 아주 소수에 불과하다. 더구나 어느새 내가 그 소리에서 떠나 다른 것으로 마음을 채우고 있는 것을 보면 그것의 수명도 그리 길지 않다. 그런데 내가 체험하고 있는 감각은 소리뿐이 아니다. 지금도 나의 시각, 후각, 촉각, 미각은 끊임없이 무언가 체험을 하고 있다. 그러나 그것들이 마치 없는 것처럼 여겨지는 것은 내가 알아차리지 못하기 때문이다. 감각에 한정하여 보더라도 매순간 일어나는 체험을 알아차린다는 것은 이렇게 어려운 일이다. 하물며 지각, 느낌, 생각, 심상까지 포함시키면 그야말로 매순간 일어나는 체험을 다 알아차린다는 것은 불가능하다고 여겨진다. 그렇다고 알아차림을 포기할 수도 없는 일이다. 앞에서 말한 대로 나의 삶을 구성하는 원

자료가 체험이라면 체험을 알아차리는 일을 포기하는 것은 나의 삶을 포기하는 것과 마찬가지이기 때문이다.

체험은 알아차림과 짝을 이룰 때 가치를 잘 드러낸다. 알아차림이야말로 체험을 체험답게 세우고 나를 '큰 나'에 가깝게 하는 삶의 원동력이다. 따라서 아무리 알아차림이 힘들고 어렵더라도 나다운 풍부한 삶을 살기 위해서 이를 놓을 수는 없다. 그런데 체험에 대한 알아차림을 어렵게 하는 큰 훼방꾼이 있다. 그것은 바로 생각이다. 생각은 체험의 한 종류에 속하면서도 동시에 체험을 알아차리는 일을 방해하기도 한다. 앞에서 한 가지 체험을 오랫동안 알아차리는 일이 쉽지 않다는 말을 했는데, 그 이유가 바로 생각 때문이다. 생각은 알아차림이 진행되는 도중 어느새 개입해 들어와 주의를 다른 데로 빼앗아가는 일을 밥 먹듯 한다. 눈을 감고 창 밖에서 들리는 귀뚜라미 소리를 듣고 있노라면, 어느새 생각이 침투해 들어와 귀뚜라미 소리에 대한 알아차림을 멈추게 한다. 이 같은 사실은 알아차림 명상을 해 보면 대번 알 수 있다. 순수하게 듣던 귀뚜라미 소리에 어느새 '저 귀뚜라미들은 어쩌면 저렇게 쉬지도 않고 계속 울어댈 수 있을까?' '저렇게 균일하고 일관성 있기는 참 힘든 일이지.' '사람은 저렇게 하기가 어렵지.' '그렇게 꾸준하게 나를 찾던 장 선생도 요즘은 변했잖아.' '근데 그 친구는 잘 사나? 승진은 했는지 모르겠네.' 등등 생각이 끼어들어 마구 내달린다. 이렇게 하는 사이 귀뚜라미 소리는 의식에서 사라져 버린다. 이런 식으로 생각은 원하지 않는 데도 끼어들어와 의식을 점령하는 횡포를 부리면서 알아차림에서 나를 멀리 떼어 놓는다. 앞에서 지적한 대로 생각은 분리된 '가짜 나'를 만드는 주역일 뿐 아니라, 체험과 알아차림을 가로막는 훼방꾼 노릇을 단단히 하고 있다.

　체험과 알아차림은 모두 '지금' 일어나는 일이라는 점에도 주목해야 한다. '지금' 이 순간을 떠나면 체험도 알아차림도 없다. 나는 '지금' 귀뚜라미 소리를 체험하고 있고, '지금' 그 체험을 알아차리고 있다. 이 모든 일은 항상 '지금' 일어나고 있다. 이미 지나간 과거와 앞으로 다가올 미래에는 체험도 알아차림도 없다. 과거의 귀뚜라미 소리를 체험하거나 미래의 귀뚜라미 소리를 체험한다는 말 자체가 성립되지 않는다. 따라서 '지금'을 살아가는 비결은 바로 체험과 알아차림에 있다. 체험과 알아차림에 머무는 한 나는 항상 '지금'을 살아가고 있는 것이다. 카르페 디엠(carpe diem)! 즉, 현재를 즐기는 비밀이 체험과 알아차림 속에 있다. 이렇게 보면 체험과 알아차림에 머물 때, 나는 지금을 살고 있는 중이며, 대상과 하나가 된 관계 속의 나를 살고 있는 중이며, 동시에 '큰 나'에 참여하고 있는 중이다. 체험을 알아차리며 지금을 사는, 다시 말해 현전재성(presence)에 충실한 나를 '작은 나'라고 하자. '작은 나'는 일상생활에서 체험과 알아차림으로 참 나를 누리는 나의 진짜 모습이며 아울러 나의 삶에서 '큰 나'를 구현해 가는 과정이기도 하다. 그런데 '지금'에서 '작은 나'를 이탈시켜 과거와 미래라는 '시간' 속으로 자꾸 끌어들이려는 훼방꾼이 있다. 생각이다. 생각은 대부분 이미 일어난 일이나 앞으로 일어날 일을 자료로 하여 일어난다. 예를 들어, 귀뚜라미 소리에 대한 생각은 이미 들은 바 있거나 읽은 바 있는(과거) 귀뚜라미 소리에 대한 지식을 토대로 일어나고, 성공에 대한 생각은 앞으로 다가올 성공을 기획하고 예측하고 전략을 짜는(미래) 내용으로 채워진다. 이렇게 과거와 미래로 채워진 생각이 등장하는 순간 '지금'은 실종되고, 체험과 알아차림은 마치 구름이 태양을 가리듯 다시 가려진다.

체험과 알아차림을 통해 존재하는 '작은 나'

여기까지 오니 '나'에 대한 그림이 상당히 뚜렷해진다. '나'는 의식이 생긴 이후로 늘 그렇게 생각해 왔던 '나'하고 상당한 차이가 있는 존재라는 걸 알겠다. 세상의 모든 대상과 분리되어 생각으로 똘똘 뭉친 주체, 또는 실체로서의 나는 사실 '가짜 나'에 불과하며, 실제 나는 체험 안에서 몸과 마음을 비롯해 삼라만상의 모든 대상을 품고 있는 '큰 나'라는 걸 알겠다. 그런데 이 '큰 나'는 나의 일상 속에서 알아차림이라는 과정을 통해서 매순간 '작은 나'로 구현되고 있는 중이다. 다시 말해 '큰 나'는 배경이고 실제 나의 삶은 '작은 나'로 진행되고 있다는 말이다. 여기서 '작은 나'로 구현되며 진행되는 알아차림의 과정이 항상 '지금' 일어나고 있다는 사실에 주목해야 한다. 알아차림은 항상 현재 진행형이기 때문이다. 따라서 '작은 나'는 지금 일어나는 체험을 알아차리며 이를 전체로 누리고 살아가기만 하면 된다. 이런 삶이 바로 현전재성에 충실한 삶이요, '큰 나'의 위대함과 영원함을 누리며 사는 영광스러운 삶이라고 말할 수 있다.

이런 사실에도 불구하고 여전히 내가 중심이고 하나의 주체로서 중심에 있는 '나'가 이런 모든 체험을 누리는 것이 아니냐는 의문이 일렁거린다. 이를테면 지금 이 글을 쓰면서 내게 일어나는 여러 체험에 선택적으로 주의를 기울이면서 논리정연한 문장을 만들려는 '나'가 따로 있는 것 아니냐는 의문 말이다. '체험을 하고' '주의를 기울이고' '만드는' '나'가 실체로 존재하지 않는다면, 어떻게 이런 일이 일관성 있게 체계적으로 이루어질 수 있을까? 그러나 이런 의문은 오랫동안 길들여져 온 이분법적 사고의 틀을 벗어나지 못하는 나의 한계에서 발생한다. 만일 중심이 있다면 중심과 주변을 나누는 경계가 있어야 하는데, 어디까지가 '나(me)'이고 어디부터가 '나가 아닐까(not-me)'? 귀뚜라미 소리를 들을 때 듣는 나(me)와 들리는 귀뚜라미 소리(not-me)를 가르는 경계가 과연 있는 걸까? 있다면 그건 어디부터일까? 글을 쓰려고 생각을 할 때 글의 소재(not-me)와 그 소재에 대해 생각하는 나(me)는 어디에서 구분되는 걸까? 구분되는 선이 정말 있는 걸까? 있다면 어디서부터일까? 내가 체험하는 모든 것(not-me)을 주관하고 관장하는 특정 부위나 위치나 중심(me)이 정말 나에게 존재하는 걸까? 존재한다면 그게 어디일까? 조금만 생각해 보면 이 모든 질문이 난센스라는 걸 알 수 있다. 본래 나와 대상은 중심과 경계로 나눠질 그런 관계가 아니다. 앞에서 따져보았듯이 나는 체험과 알아차림을 통해 존재할 따름이다. 그게 무엇이든 내가 대상이라고 인식하는 것은 실상 대상을 통해 드러나는 나의 투영이며, 따라서 나와 대상은 본래 분리된 적이 없다. 그러므로 굳이 가상적인 주체를 설정하지 않아도 살아가는 데 아무런 지장이 없다. 아니 그동안 분리된 '나'라는 옹졸한 개념 때문에 생성된 수많은 고통과 어려움에서 해방되어 자유롭게 살아갈 수 있다.

나는 체험이며, 알아차림이며, 지금 이 순간 전체로 드러나는 존재다. 이 체험과 알아차림이 삶을 자연스럽게 이끌어갈 것이므로 그 흐름에 동참하는 것이 가장 '나'답게 사는 일이다. 굳이 분리된 나를 앞세워 일관성이니 체계성이니 하는 것을 걱정할 필요가 없다. 이 과정에서 무엇인가가 필요하다면 이전의 '가짜 나'에서 벗어나 체험과 알아차림 속에 머물겠다는 강한 용기와 꿋꿋한 의지(intention)라고 할 것이다. 익숙한 '가짜 나'를 벗어나서 새로운 '작은 나'로 살아가려고 할 때 생기는 두려움을 극복하기 위한 용기, 그리고 예상되는 다양한 도전과 방해에 흔들리지 않겠다는 의지 말이다.

생각에 대한 대책이 필요하다

나의 진면목을 추적하다보니 '큰 나'를 가리고 '작은 나'로 사는 걸 방해하는 강력한 훼방꾼이 '생각'으로 판명되었다. 생각은 '가짜 나'를 등장시켜 나를 다른 대상들과 떨어진 고립된 존재로 분리시킬 뿐 아니라, 수시로 끼어들어 알아차림의 과정을 가로막고, 자꾸 나를 과거와 미래로 끌고 들어가 '지금'에 사는 것을 어렵게 한다. 따라서 생각에 대한 적절한 대책이 필요하다. 앞에서도 말했지만, 원래 생각은 나를 위험에서 보호하고 생존과 적응을 돕는 중요한 기능을 수행한다. 헤아리고 판단하고 인식하는 정신 작용으로서 생각은 지금도 나를 돕고 성장시키는 데 없어서는 안 될 중요한 체험 양식이다. 예를 들어, 스키를 타고 가파른 코스를 쏜살같이 달려 내려갈 때 순간순간 슬로프의 각과 노면 상태를 판단하는 기능이 작동하지 않으면 사고가 크게 나 다칠 게 틀림없다. 따라서 생각의 순기능은 잘 살려나가야 한다. 문제는 생각에 힘이 넘쳐 나의 존재 전체가 생각으로 점령당할 때 생긴다. 생각이 자기 본분을 넘지 않고 정상적으로 기능하게 하려면 어떻게 해야 할까? 이것은 앞으로 내가 풀어야 할 중요한 과제다.

'진짜 나'는 말로 쉽게 설명할 수 없는 오묘한 존재다. 하지만 그 그림자라도 잡아 보려고 나와 마음(또는 생각)의 관계를 비유로 표현한 몇 가지 예가 있다. 이 예들을 보면서 나와 마음 또는 나와 생각 간의 관계를 정리해 보자.

 예 1: 스크린과 영상

TV나 영화 스크린에는 영상이 나타난다. 그런데 스크린은 늘 거기 고정되어 있고 영상은 바뀐다. TV 채널을 돌리거나 영화 프로그램이 달라지면 스크린에 비치는 영상은 바뀌지만 스크린은 같은 모습으로 늘 거기에 있다. 영상에서는 별별 일이 다 일어난다. 그렇다 해도 영상에서 일어나는 일은 스크린에 아무런 영향을 줄 수 없다. 영상은 영상이고 스크린은 스크린이기 때문이다. 늘 거기 있으면서 어떤 영상이든 다 받아서 보여 주되, 영상의 내용과 아무런 상관이 없을 뿐 아니라 영상으로부터 아무런 영향을 받지 않으면서 함께 존재하는 것이 스크린이다. 여기서 스크린은 '진짜 나', 영상은 마음에 비유된다.

 예 2: 거울과 거울상

거울에는 항상 거울상이 나타난다. 거울은 늘 거기 고정되어 있고 거울상은 바뀐다. 모양이 있는 것은 무엇이든 거울 앞에 서면 자동적으로 거울상으로 나타난다. 거울상은 수시로 바뀌지만 거울은 항상 같은 모습으로 거기에 있다. 거울상에는 별별 일이 다 생긴다. 그렇다 해도 거울상에서 생기는 일은 거울에 아무런 영향을 미치지 못한다. 거울상은 거울상이고 거울은 거울이기 때문이다. 늘 거기 있으면서 어떤 모양이든 다 받아서 보여 주되, 거울상의 내용과 아무런 상관이 없을 뿐 아니라 거울상으로부터 아무런 영향을 받지 않으면서 함께 존재하는 것이 거울이다. 여기서 거울은 '진짜 나', 거울상은 마음에 비유된다.

 예 3: 빈방과 가구

빈방은 가구를 들일 수 있는 비어 있는 공간이다. 빈방은 늘 그곳에서 비어 있는 채로 들어오는 가구를 받아들인다. 가구의 모양과 규모에 따라 빈방의 모습은 달라지지만 빈방의 비어 있음은 없어지지 않는다. 설혹 빈방에 가구가 가득 차 빈 공간이 없을 때라도 비어 있음은 사라지지 않고 있다가 가구를 빼자마자 다시 그 존재를 드러낸다. 늘 거기 있으면서 어떤 가구든 다 받아들이되, 가구와 아무 상관없이 늘 비어 있음을 유지하는 것이 빈방이다. 여기서 빈방은 '진짜 나', 가구는 마음에 비유된다.

03
가짜 나와 생각

"나의 진면목을 추적하다보니 '큰 나'를 가리고 '작은 나'로 사는 걸 방해하는 강력한 훼방꾼이 '생각'으로 판명되었다. 생각은 '가짜 나'를 등장시켜 나를 다른 대상들과 떨어진 고립된 존재로 분리시킬 뿐 아니라, 수시로 끼어들어 알아차림의 과정을 가로막고, 자꾸 나를 과거와 미래로 끌고 들어가 '지금'에 살기를 어렵게 한다. 따라서 생각에 대한 적절한 대책이 필요하다."

'큰 나' 장에서 한 말이다. 인생을 항해하는 선장을 생각에 맡기고 항상 생각을 좀 더 세련되고 치밀하고 유연하고 풍성하게 만들려고 노력하며 살아온 나에게 이런 결론은 한마디로 충격이다. 생각에 의지해 살아온 삶 자체가 진짜 나의 삶으로 가는 길을 가로막는 짓이었다니! 믿는 도끼에 발등 찍힌다는 말이 이런 경우를 두고 하는 말일 것이다. 그렇다면 정말 생각에 대한 대책을 마련해야 할 때가 온 것 같다.

생각이 만들어 낸 이분법의 함정

다른 곳에서 말한 것처럼 생각은 헤아리고 판단하고 인식하는 따위의 정신 작용으로서 살아가는 데 없어서는 안 될 중요한 체험의 내용이며 과정이다. 감각, 느낌, 지각, 심상이 그런 것처럼 세상을 체험하고 알아차리는 양식이요, 통로로서 생각은 나름대로 소중한 역할을 하고 있다. 일상에서 나를 보호하고 내가 수행하는 많은 일을 안내하는 것도 생각이며, 이 글을 이치에 맞게 논리적으로 구성하는 것도 생각이며, 어느 한계에 도달할 때까지라는 전제가 붙겠지만, 진짜 나를 알아차리게 돕는 것도 생각이다. 따라서 생각은 제거할 수도, 제거해서도 안 되는 체험 양식이요, 성장의 도구다. 불가의 팔정도에서 말하는 正思(바른 생각)도 바로 이를 말하는 것일 게다. 생각이 이 같은 순기능에 충실하게 머물러 있다면 사실 문제될 것이 없다.

하지만 이미 나의 생각은 순기능의 장점 때문에 그대로 내버려 두기에는 너무 커 버렸다. 생각은 나를 점령하고 있을 뿐 아니라 폭군처럼 내 삶을 장악하고 온갖 횡포를 부리고 있다. 첫 번째이자 가장 큰 폐단이 '가짜 나'를 구축하고 그 외의 다른 모든 것을 나와 분리하여 타자로 만들어 버리는 이분법적인 사고의 틀을 완성하는 것이다. 몸 안에 있는 나, 그리하여 분리된 주체(subject)로서 감각하고, 지각하고, 느끼고, 생각하는 '나'는 나대로 따로 존재하고, 그 나에 의해 감각되고, 지각되고, 느껴지고, 생각되는 객체(object)로서의 대상은 대상대로 따로 존재한다는 사고방식 말이다. 한마디로 '나'와 '세상'은 따로 떨어져 있는 것이라는 인식을 아주 깊이 각인시켜 놓았다. 그래서 나는 너무도 당연히 나에게 익숙한 감각, 느낌, 생각, 심상 그리고 이 모두를 아우르는 마음이 나의 정체성을 간직한 실체라고 믿게 되었고, 나의 안녕과 평화와 행복과 사랑을 위해서 '나가 아닌(not-me)' 세상을 향해 나아갔던 것이다. 원래 나에게 속한 것이 아니라고 믿으니까 나 바깥의 세상에서 그것들을 찾으려 한 것이다. 그리하여 '가짜 나'는 온갖 대상들로 가득 채워진 세상을 휘저으며 부지런히 움직이고 뛰어다닌다. 때로는 원하는 것을 얻는 데 성공해서 기뻐하며 웃기도 하지만, 대부분은 원하는 것을 얻지 못해 괴롭고 힘들어하면서 끊임없이 세상으로부터 무엇인가를 얻기 위해 열심히 달려왔다.

돌이켜보니 나는 '사랑'도 이분법적 사고의 틀에 맞춰 한 것 같다. 사랑은 원래 사랑하는 사람을 만나서 하는 것이라고 너무나 당연하게 생각했던 나는 청년 시절 사랑을 나눌 수 있는 연인을 찾는 데 공을 많이 들였다. 그리고 연인과의 만남과 헤어짐을 반복하면서 사랑의 기쁨과 아픔을 절절하게 맛본 추억이 있다. 아마 거의 모든 연인이 나와 비슷하게 생각하며 사랑할 것이다. 사랑을 특정 연인에게서 찾는, 그래서 꼭 그 사람이 아니면 안 된다는 생각은 사랑을 자기 밖에서 구하는 전형적인 이분법적 태도다. 주체인 내가 객체인 연인을 만나 사랑을 획득하는 것이다. 만일 평생 사랑하는 사람을 만나지 못한다면, 사랑은 그저 그림의 떡이요, 다른 사람들 이야기일 따름이다. 그런데 정말 사랑이 그런 것인가? 사랑하기 위하여 우리는 항상 연인을 찾아야 하는 걸까? 연인이 없으면 사랑이 무엇인지 아예 알 수 없는 것일까? 연인이 없으면 이성 간의 사랑이 성립되는 게 불가능할 것이다. 하지만 원래 나의 본질이 사랑이 아니라면 아무리 좋은 연인을 만난다한들 사랑이 성립될 수 없다는 것도 사실이다. 원래 '나'가 사랑이 아니라면, 나는 사랑을 알 수도, 할 수도 없다. 사랑이 원래 나의 본질과 관계가 없는 것이라면 내가 아무리 발버둥 쳐도 사랑은 내게 그냥 추상적인 개념으로 남아 있을 따름이다.

내가 사랑을 할 수 있는 것은 원래 '나'가 사랑으로 가득한 존재이기 때문이다. 나에게 있는 이 사랑이 연인을 만나면서 빛을 발하며 드러날 때, 그것이 바로 내가 체험하고 알아차리는 사랑이다. 그러므로 사랑은 로미오가 줄리엣에게 했듯이 그렇게 연인에게 구걸해서 얻는 게 아니다. 사랑을 드러내고 체험하는 과정에 연인이 역할을 하는 것은 분명하지만, 내가 체험하고 알아차리는 사랑은 '나' 라는 존재의 뿌리에서 솟아 나오는 것이다. 사랑이 연인에게서 나오는 것이라면 연인이 옆에 있는 한 사랑은 식는 일 없이 영원해야 한다. 그런데 그렇게 사랑하던 연인들이 어느새 서로를 미워하고 헤어지는 경우가 얼마나 많은가! 그리하여 사랑이 식어 버리면 다시 사랑을 얻기 위해 또 다른 연인을 찾아나서는 일을 반복한다. 함께 있으면서도 사랑을 잃어버린 연인들은 사랑의 근원이 연인이 아님을 가리키는 산 증인들이다. 사랑하는 주체인 '나'와 사랑받는 객체인 '연인'을 분리해 놓고 사랑이라는 활동으로 이 둘을 연결하려는 이분법적인 사고가 이렇게 사랑을 착각하게 한다.

　다시 말하지만 원래 사랑은 하나라는 것의 드러남이요, 표현이다. 나의 체험과 알아차림 속에서 사랑은 오직 사랑일 뿐이요, 그때 연인은 나와 털끝만한 이음새도 없이 연결되어 있는 온전한 하나일 따름이다. 이렇게 나와 연인이 틈새나 분별 없이 온전한 하나임을 체험하고 알아차리는 것, 이를 사랑이라고 부르는 것이다. 사랑의 근원은 나의 체험이요 알아차림이요, 바로 나다. 따라서 내가 존재하는 한 사랑은 언제나 나와 함께 있다. 사랑은 영원한 것이라는 말은 이런 뜻이다. 연인에게 맡겨 둔 사랑은 결코 영원할 수가 없다. 문제는 나 스스로 내가 사랑이라는 것을 잊어버리고 알아차리지 못하는 데 있다.

> 사랑은 언제나 오래 참고
>
> 사랑은 온유하며 투기하는 자가 되지 아니하며
>
> 사랑은 자랑하지 아니하며 교만하지 아니하며
>
> 무례히 행치 아니하면 자기의 유익을 구하지 아니하며
>
> 성내지 아니하며 악한 것을 생각지 아니하며
>
> 불의를 기뻐하지 아니하며
>
> 진리와 함께 기뻐하고
>
> 모든 것을 참으며
>
> 모든 것을 믿으며
>
> 모든 것을 바라며
>
> 모든 것을 견디느니라
>
> ―고린도전서, 13장 1~8절

성경에 나온 이 아름다운 사랑의 정의조차도 이분법에 너무도 익숙한 생각은 사랑을 사랑하는 사람(나와 떨어져 있는 연인)을 위하여 내가(분리되어 있는 나) 해야 할 '일'이라고 아무런 의심 없이 받아들인다. 그리하여 사랑을 끝없이 참고, 믿고, 바라며 가는 힘든 여정으로 전락시켜 버린다. 이렇게 해서 사랑 때문에 벌어지는 온갖 이상한 일들이 사람들이 즐겨 부르는 대중가요의 제목과

가사에 절절하게 그려진다. '사랑은 눈물의 씨앗' '사랑, 그 쓸쓸함에 대하여' '너를 사랑할수록 너에게 난 아픔이야' '사랑이란 영원하지 않더라' '사랑 때문에 지샌 긴 밤' '사랑이란 두 글자는 외롭고 허전하고' '못 견디게 괴로워도 울지 못하고' '사랑은 미완성, 부르다 멎는 노래' '사랑 참 어렵다' '부족했던 내 사랑이 자꾸 맘에 걸려서' …….

생각이 만들어 낸 이분법의 함정에 빠져 헤매는 사랑의 실상은 이렇다. 내가 보기에 고린도전서에 표현되어 있는 사랑은 사랑의 본질을 있는 그대로 드러낸 문구다. 나에게 늘 머물고 있는 사랑을 내가 알아차릴 때, 그 사랑은 참고, 믿고, 바라는 것일 뿐 아니라 온유하며, 투기하지 않으며, 자랑하지 않으며, 교만하지 않으며, 무례히 행치 아니하며, 자기 유익을 구하지 않으며, 성내지 아니하며, 악한 것을 생각지 아니하며, 불의를 기뻐하지 않으며, 진리와 함께 기뻐한다. 그러니까 나는 사랑을 찾아 나서야 하는 것이 아니라 그렇게 다양한 면모를 가지고 이미 나에게 생생하게 일어나고 있는 사랑을 체험하고 알아차려야 한다. 나 스스로 사랑이라는 걸 알고 거기에 머물러 있기만 하면 된다는 말이다. 사랑은 내가 해야 할 '일'이 아니라 누려야 할 나의 '본질'이다. 이렇게 보니 생각의 폐해가 정말 크다는 걸 새삼 느끼겠다.

행복은 어떨까? 거의 모든 사람이 삶의 목표로 삼고 있는 행복. 이 행복에 대해 생각은 무슨 짓을 하고 있을까? 일단 삶의 목표라는 말 자체가 문제다. 목표라는 말은 목표라는 대상과 그 목표를 추구하는 자가 분리되어 존재함을 전제한다. 따라서 '행복이 내 삶의 목표'라고 말할 때 행복(객체)이라는 목표와 삶을 살아가는 '나'(주체)가 따로 존재하고, 이 '나'가 행복을 향해 나아간다는 뜻이 포함되어 있다. 그러니까 이 말에는 나와 행복은 원래 별개이며, 처음부터 행복은 나에게 있는 것이 아니라는 뜻이 담겨 있다. 그래서 그런지 사람들은 행복을 찾기 위해 바깥세상을 열심히 뒤지고 다닌다. 마치 보물찾기를 하듯 행복도 그렇게 찾아야하는 것이라고 여기면서.

그런데 정말 행복을 그렇게 목표로 삼아 찾아다녀야 하는 걸까? 심리학에서는 행복을 간단하게 '기분 좋은 느낌'이라고 정의한다. 만일 이 정의가 옳다면, 행복은 찾아다닐 필요가 전혀 없다. 기분 좋은 느낌이 일어나는 곳이 바로 '나'이기 때문이다. 기분 좋은 느낌이 나에게서 치솟는 것이라면, 굳이 다른 데 가서 찾을 이유가 없다. 아니, 다른 데 가서 아무리 찾아도 결국 찾을 수 없을 것이다. 행복은 나에게서만 일어나는 현상이며 나의 체험과 알아차림을 통해서만 맛볼 수 있는 나만의 것이다. 그러므로 행복은 나의 체험과 알아차림에 달려 있다. 이분법적 인식을 벗어난다면, 행복은 원래 나와 떨어져 본 적이 없다. 행복을 느끼는 감정 역시 나의 체험이요 알아차림인데, 그 체험과 알아차림이 바로 나이기 때문에 행복은 바로 나라고 말할 수 있다. 그러므로 나는 행복을 찾아 나설 것이 아니라 이미 나에게 생생하게 일어나고 있는 행복을 체험하고 알아차리기만 하면 된다. 나 스스로 행복이라는 걸 알고 거기 머물러서 즐기면 된다는 말이다. 행복 역시 내가 찾아야 할 '보물'이 아니라 누려야 할 나의 '본질'이다.

행 복

나는 세계에서
제일 행복한 사나이다.
아내가 찻집을 경영해서
생활의 걱정이 없고
대학을 다녔으니
배움의 부족함도 없고
시인이니
명예욕도 충분하고
이쁜 아내니
여자 생각도 없고
아이가 없으니
뒤를 걱정할 필요도 없고
집도 있으니
얼마나 편안한가.
막걸리를 좋아하는데
아내가 다 사 주니
무슨 불평이 있겠는가.
더구나
하나님을 굳게 믿으니
이 우주에서
가장 강력한 분이
나의 빽이시니
무슨 불행이 온단 말인가!

　　　　—천상병(1930~1993)

천상병 시인이 부른 이 행복의 노래야말로 행복과 하나된 사람의 생활을 잘 보여 준다. 천상병 시인은 바깥의 상황과 아무 상관없이 이미 행복을 흠뻑 누리고 있다. 천상병과 행복이 완전히 하나된 모습이다. 시인이 나열한 바깥 상황은 역설적으로 행복이 상황과 아무 상관이 없음을 일러 준다. 만일 천상병 시인에게 아이가 있었다면 아이가 있어서 행복함을, 집이 없었다면 집이 없어서 행복함을 표현했을 것이다. 그의 체험 속에서는 모든 일과 상황과 사건이 행복으로 가는 길이다. 한마디로 자기 삶 자체가 행복임을 천상병 시인은 깊이 깨달은 것 같다. 행복은 우리 삶에 붙박이 되어 있는 것이다.

하지만 이분법적인 시각에서 이 시를 보면 전혀 다른 해석이 가능하다. 행복하려면, 최소한 생활의 부족함이 없는 경제력을 지녀야 하고, 대학을 나와야 하고, 명예를 쌓아야 하고, 예쁜 아내를 얻어야 하고, 집도 있어야 하고, 신앙도 있어야 한다. 그런데 이런 것들은 모두 '나'의 밖에 있는 것이므로 온 세상을 뒤적이며 찾고 획득하고 성취해야 한다. 이렇게 생각하면 정말 열심히 행복을 얻기 위한 삶을 살아갈 수밖에 없다. 돌이켜보면 나도 늘 행복하기를 바라며 행복하기 위한 조건을 갖추려고 바쁘게 살아 왔다. 좋은 대학을 다니려고 했고, 좋은 직업을 얻으려고 했고, 예쁜 아내를 얻으려고 했고, 성공하기 위해 많은 시간과 정열을 투자했다. 그러다보니 원하던 것을 얻어 행복감에 젖어든 적도 많다. 하지만 행복감에 빠져든 시간에 비해 행복을 얻기 위해 준비한 시간은 비교할 수 없을 정도로 길다. 그 행복감이라는 게 오래 지속되는 것도 아니어서 또다시 행복감을 느끼기 위해 다른 목표를 향해 달려가는 생활을 반복했다.

이 말을 하니 고등학교 시절이 생각난다. 고등학교 때 선생님들은 "행복한 미래를 준비하기 위해 고등학교에 다니는 삼 년은 너희 인생에서 없다고 생각하고 공부에 전념해라. 대신 원하는 대학에 들어가면 너희가 원하는 좋은 게 다 있으니까 그때 가서 맘껏 즐기면 된다."라고 말씀하셨다. 그 말대로 다른 것을 거의 돌아보지 않고 열심히 공부해서 대학에 합격하고 나니 한없이 기쁘고 행복하기는 했는데…… 아뿔싸! 한 달쯤 지나니 그 행복감이 가라앉아서 무척 당황스러웠다. 삼 년을 준비해서 얻은 행복감이 불과 한 달이 가지 못하다니! 하기야 고등학교 삼 년뿐 아니라 초등학교와 중학교를 포함하여 십이 년의 세월을 입시 경쟁에 시달리는 요즘 학생들을 생각하면 내 경우는 그야말로 새 발의 피겠지만…… 어쨌거나 이전의 나는 행복을 '누리는' 대신 행복하기 위한 '준비'에 내 시간의 거의 대부분을 써 버리며 살았던 것이다. 어디 나만 그런가? 이 시대를 살아가는 거의 모든 사람이 크게 다를 바가 없다. 행복하기 위한 준비에 많은 시간을 '낭비'하면서도 그것을 '준비'요, '투자'라고 생각하며 살아간다. 자기 존재 자체가 행복인지 모른 채 이분법적으로 나누고 분리하는 생각에 이끌려 행복을 자기 밖의 다른 곳에서 찾으려고 하는 한 이 악순환은 끝없이 이어질 것이다. 사랑과 행복을 예로 들어 이분법에 물들어 있는 생각이 바로 내 삶의 가장 큰 문제라는 점을 지적했다. 어디 사랑과 행복뿐일까? 내가 물리적으로 육체 안에 거주하는 분리된 주체가 나라는 생각에 머물러 있으면, 나는 늘 무엇인가를 찾으며 고단한 삶을 살아갈 게 뻔하다. 거지가 된 왕자가 왕자인 자기 신분을 잊고 먹을 것조차 얻기 어려운 거지로 살아가는 것처럼 말이다. 왕자가 왕자답게 살려면 먼저 거지꼴을 벗어 버리고 왕자의 신분을 회복해야 한다. 자, 그럼 원래 왕자인 나의 신분을 회복하고 당당히 왕자의 권리를 누리기 위해 나를 거지로 전락시켜 버린 이분법에 찌든 생각에 대처할 방법을 알아보자. 대처할 방법이라는 용어 자체가 이분법적 냄새를 피운다는 것을 무릅쓰면서……

이분법에 찌든 생각에 대처하는 법

첫째, 이성적으로 진짜 '나'의 존재에 대해 철저히 인식하자.

이분법에 찌든 생각에서 벗어나는 한 가지 길은 생각으로 생각을 교정하는 방법이다. 그러니까 합리적이고 논리적인 이성의 빛을 비추어 이분법적 생각을 해체하는 것이다. 이미 여러 번 말했지만, 찬찬히 따져보면 나와 따로 떨어진 세상은 없다. 아니 세상은 항상 나의 체험과 알아차림을 통해서 나에게 알려질 따름이다. 따라서 나를 떠난 세상, 나와 분리된 세상, 내가 소외된 관계 그런 것은 없다. 있는 건 오직 나의 체험이요, 알아차림이요, 바로 나다. 모든 것은 나에게서 비롯되고 나는 모든 것 속에 들어 있다. 내가 바로 세상을 구성하는 재료이며 동시에 세상이다. 이렇게 위대하고 큰 나, 그러면서도 매우 실질적이고 구체적으로 체험되는 나를 키 2m 몸무게 100kg도 되지 않는 몸 안의 좁은 공간에 가둬 두는 건 정말 어리석은 일이다. 그러므로 분리주의에 입각한 생각이나 신념이 올라오면 즉각 이성의 빛을 비춰 경계하고 정체를 드러낼 필요가 있다. 그리하여 체험과 알아차림에 머물며 지금 이 순간을 누리는 생활을 확장해야겠다.

둘째, 실수할 때 실망하지 말고 비유법을 활용하여 진짜 나를 회복하자.

어제 아내와 가벼운 말다툼이 있었다. 내 의견을 무시하고 아내가 자기주장을 심하게 한다는 생각이 드는 순간 화가 나면서 말이 거칠게 나온 것이다. '감히 나(분리된 나)를 무시하고 저렇게 말하다니!' 분리된 나에 너무 익숙한 나머지 아무런 의식 없이 이전의 방식을 따라 거의 기계적으로 반응한 것이다. 진짜 '나'를 잊고 있으면 어김없이 분리된 나를 등장시키는 이런 실수가 되풀이된다. 여기에서 벗어나는 한 가지 방법이 꿈의 비유를 떠올리며 상황을 정확히 이해하는 것이다. 무서운 꿈을 꿀 때 그 공포에서 벗어나는 가장 확실한 방법은 꿈을 깨는 것이다. 꿈속에서 느끼는 무서움은 그 나름대로 절절하지만 눈을 뜨고 꿈에서 깨면 그렇게 절절하던 무서움은 오간 데 없이 사라진다. 꿈을 꿀 때나 깨어 있을 때나 그 순간은 다 생생한데 생각이 머무는 차원을 옮기니 나의 체험이 이렇게 달라진다.

체험의 내용을 바꾸는 이 꿈의 비유를 진짜 나를 회복하는 데 적용할 수 있다. 그러니까 나의 의식과 생각을 '분리된 나' 차원에서 '큰 나' 차원으로 옮기는 것이다. 이렇게 하면 방금까지 그렇게 심각하고 화가 나던 일이 하찮고 우습게 여겨지면서 문제로 부각되었던 많은 일이 순식간에 사라진다. '분리된 나' 차원에 머물러 있으면 아무리 굳게 결심을 해도 나는 항상 실수할 수밖에 없고 근본적으로 나의 문제를 해결할 수 없다. 꿈속에서 두려움을 피하기 위하여 별별 짓을 다해도 두려움 자체를 근본적으로 해결하기 어려운 것처럼 '분리된 나'가 '진짜 나'라고 믿는 한 내가 겪는 모든 문제는 다양한 모습으로 나를 얽어매는 족쇄가 될 따름이다. 따라서 '꿈이야!'를 외치며 '분리된 나'에서 '큰 나'로 생각을 옮겨 가는 연습을 꾸준하게 할 필요가 있다.

또 하나 유용한 비유는 3D 입체 영화다. 3D 입체 영화를 보고 있으면 정말 실감이 난다. 영화 속 장면들이 마치 지금 실제로 겪는 것처럼 생생하고 현장감이 있다. 이 입체 영화 속에서 고속으로 질주하는 차량을 타고 아슬아슬한 절벽 위를 달리고 있다고 상상해 보자. 얼마나 무서운가! 실제로 이런 영화를 보고 있으면 숨이 가빠지고 온몸이 긴장된 채 비명까지 지른다. 하지만 아무리 비명을 질러도 화면이 바뀌지 않는 한 그 장면이 일으키는 공포는 사라지지 않는다. 그 공포를 없애 버릴 유일한 길은 바로 생각의 전환이다. '아! 이건 실제가 아니라 영화일 뿐이야!'라는 데 생각이 미치면 전신을 엄습하던 공포는 그 순간 사라진다. 다른 아무런 노력 없이 단지 생각이 머무는 차원을 바꿨을 뿐인데 실제 효과는 이렇게 엄청나게 다르다. 따라서 이 비유 역시 '분리된 나'에서 '큰 나'로 생각을 갈아타게 하는 데 도움을 줄 수 있을 것이다.

앞의 두 비유에서 꿈을 꾸고 있는 나와 영화의 내용에 몰입하는 나는 모두 '가짜 나'다. 아니 '가짜 나'라기보다 꿈을 꾸는 체험을 하고 영화의 내용에 몰입하는 체험을 하는 나다. 그렇다면 내가 잠을 자는 동안 또는 내가 영화에 몰입하는 동안 진짜 나는 어디에 있을까? 이 질문 역시 관찰하는 나와 관찰 대상이 되는 내가 분리되어 있다는 이분법적인 사고에 기초한 물음이지만 굳이 답을 하자면, 꿈을 꿀 때나 영화에 몰입할 때나 진짜 나는 항상 거기 함께 있으면서 모든 체험을 함께 지켜보고 있었다. 즉, 꿈을 꿀 때 진짜 나는 꿈을 꾸면서 꿈꾸는 나를 보고 있었고 영화를 볼 때 진짜 나는 영화에 몰입하면서 영화에 몰입하는 나를 보고 있었다. 그러다가 꿈을 깰 때 그리고 몰입했던 영화에서 벗어날 때 진짜 나도 꿈꾸고 영화에 몰입하는 체험에서 벗어나서 다시 새로 일어나는 다른 체험을 지켜보고 알아차리는 과정에 참여한다. 태양이 구름에 가려 보이지 않는다고 해서 없어진 것이 아닌 것처럼 진짜 내가 가리고 보이지 않는다고 해서 나를 떠난 적은 단 한 번도 없다. 진짜 나는 체험이며, 체험이 일어나는 것을 가능케 하는 원천이며, 체험을 지켜보고 알아차리는 관찰자다. 아울러 태양이 구름에 의해 영향을 받지 않듯이, 꿈속에서 무슨 일이 일어나든 영화에 무슨 장면이 나오든 그런 것들로부터 아무런 영향을 받지 않은 채 의연하게 머물러 있는 변덕 없는 버팀목이다.

셋째, 생각을 앞세우지 말고 다양한 체험을 자연스럽게 받아들이자.

앞의 글에서 내가 나와 세상에 대해서 알아가는 유일한 길이 체험이라고 말했다. 그만큼 체험은 중요하다. 따라서 순간순간 나에게 일어나는 체험을 있는 그대로 알아차리며 이를 온전하게 전체로 누리고 살아가는 일은 내 삶에서 무엇보다 소중하다. 그런데 체험을 있는 그대로 알아차리고 누리는 데 생각이 걸림돌이 되는 경우가 많다. 영유아 시절 무력한 나를 보호하기 위하여 발달한 생각은 수많은 과거의 기억을 가지고 있다. 그리하여 과거에 설정된 기준을 따라 내가 체험하는 게 무엇인지 그 정체를 따지고 그 체험이 가져올 유익한 점과 불리한 점을 계산한다. 이렇게 해서 나에게 불리한 체험이라고 여겨지는 것이면 그럴듯한 '이유'와 '핑계'를 대어 거부하거나 왜곡하고, 생각의 틀에 맞지 않는 새로운 체험은 쉽게 받아들이지 않으려 한다.

생각의 체험 가로막기를 극복하는 하나의 방법은 그게 무엇이든 나에게 일어나는 체험을 우선 환영하며 받아들이는 태도를 키우는 것이다. 이유와 핑계와 경험과 과거 지식을 들이대기 전에 일단 체험을 있는 그대로 받아들인 후 그것의 전개 과정을 지켜보는 방법이다. 이를테면 불편한 느낌이 들 때, 불편한 느낌이 왜 생겼는지 재빨리 이유를 찾으려고 생각을 굴리기 전에 불편한 느낌 자체를 있는 그대로 받아들이고 그것이 충분히 자기 모습을 드러내게 내버려 두자는 것이다. 불편한 느낌이 왜 생겼는지 따지고, 그래서 앞으로 어떻게 대처해야 할지 계획 세우는 일을 접

어 두고, 일단 그 느낌이 펼쳐지는 과정을 체험하며 알아차리자
는 것이다. 생각은 이런 체험을 충분히 하고 난 후 나중에 해도 늦
지 않다. 이렇게 감각, 느낌, 지각, 심상 등 모든 체험 양식과 통로
에 문을 열어 두고 체험을 체험답게 누림으로써 그동안 생각 때
문에 가려지고 숨겨졌던 진짜 나의 삶을 보다 풍부하게 드러나게
할 필요가 있다.

넷째, 생각의 성장 과정을 사랑으로 대하자.
　생각이 정상적인 기능을 넘어서서 자기 왕국을 구축하고 나와
세상을 둘로 나누어 계속 속여 온 사실을 생각하면 괘씸하기 짝
이 없다. 그렇다고 해서 생각을 나무라기만 할 것은 아니다. 생각
의 성장 과정을 돌아보면, 처음에 생각은 연약하기 짝이 없는 나
의 생존을 보호하고 세상에 적응시키려는 순수한 목적으로 태동
해서 열심히 그 역할을 수행하였다. 그러다보니 경험과 지식이
쌓여 매우 복잡한 지금의 생각으로 발전하였다. 이런 과정에서
생각은 이분법적 사고 틀을 자연스럽게 받아들이고 그 틀에 맞춰
잘 살아가는 방법을 안내하고 있을 따름이다. 그러니까 생각은
지금도 여전히 나를 보호하고 보살피기 위하여 열심히 자기 역할
을 수행하고 있는 셈이다. 이렇게 열심히 자기 역할을 수행하고
있는 생각을 일방적으로 잘못되었다고 타박한다면 생각 입장에
서 억울하기 짝이 없는 노릇이다. 그리하여 생각을 제거하려는
모든 노력은 생각의 반발을 불러일으키고 결국 생각과 전투를 벌
이는 사태가 벌어진다. 게다가 이 전투는 대부분 생각의 승리로

마무리된다. 온갖 경험과 지식과 전략으로 중무장한 생각과 싸워서 이길 수 있는 확률은 매우 낮을 수밖에 없기 때문이다. 심한 강박사고에 시달리는 사람들을 생각해 보라. 이들이 강박사고와 싸워서 이길 수 있는 확률은 영에 가깝다. 아니 강박사고와 싸우면 싸울수록 강박사고는 더 강해질 뿐이다. 따지고 보면 강박사고가 처음 시작된 것도 그 사람을 보호하기 위함이요, 강박사고가 지속되는 것도 그 사람을 보호하기 위함이다. 따라서 강박사고에 도전하는 것은 그 사람의 안전을 무너뜨리는 치명적인 사건이다. 그런데도 강박사고를 적으로 돌리고 이를 제거하려고 한다면 강박사고는 목숨 걸고 싸울 수밖에 없을 것이다.

그렇다면 생각을 어떻게 대해야 할까? 사랑이 답이다. 사랑하는 척이 아니라 진짜 사랑 말이다. 생각의 동기가 순수함을 인정하고 그동안 생각이 나를 위해 해 온 온갖 일을 수용하고 존중하고 사랑하는 것이다. 생각이 있었기 때문에 지금의 내가 있음을 인정하고, 그동안 나의 생존과 적응과 성장을 위해 수고하고 애쓴 생각의 노고를 진심으로 인정하고 위로하고 사랑하는 것이다. 이렇게 함으로써 생각이 굳이 자기 존재를 부각시키기 위해서 억지를 부리지 않아도 되는 상황을 만들어 나가는 것이다. 애정이 결핍된 아이들에게 조건 없이 제공되는 넘치는 사랑이 보약이 되듯이 폭군처럼 군림하는 생각에게도 따뜻한 사랑이 약이 된다. 그러므로 생각이 지나치게 내달릴 때에도 생각을 위하는 간절한 마음으로 '생각아, 수고가 많네, 나를 위해 이렇게 애를 쓰니 정말 고맙구나, 사랑한다.'는 말을 함으로써 생각에 대한 사랑을 표현하는 게 좋다. 이 말이 다소 긴 듯하여 '수고했다, 고맙다, 사랑한다.' 의 줄임말 '수고사!'를 외쳐 보니 자주 표현할 수 있어서 훨씬 효과가 좋은 것 같았다. 이렇게 외침으로써 한편으로는 생각의 열심에 고마움을 나타내고, 한편으로는 생각의 내달림에서 잠시 벗어나는 효과를 얻도록 하자.

다섯째, 체험을 알아차리는 명상을 꾸준히 지속하자.

나의 하루는 체험에서 시작해서 체험으로 끝난다. 아니 체험으로 계속 이어진다는 말이 더 맞을 것이다. 그러나 이렇게 체험 한 가운데 살면서도 체험을 제대로 알아차리지 못하고 지내는 시간이 너무 많다. 마비된 상태로 시간을 그냥 낭비하는 셈이다. 따라서 체험을 체험답게 알아차릴 수 있는 방편을 사용할 필요가 있다. 그 중요한 방법의 하나가 명상 또는 선이다. 조용한 곳에 자리를 잡고 고요하게 머물면서 나에게서 일어나는 여러 체험을 놓치지 않고 알아차리는 연습을 하는 것이다. 문제는 명상이나 선을 할 때 생각이 가만히 있지 않는다는 점이다. 생각은 꼬리에 꼬리를 물고 이어지며 다른 체험을 숨기고 가로막는다. 게다가 억지로 생각을 털어 내려고 애를 쓰면 쓸수록 생각은 더욱 기승을 부리며 달라붙는다. 이럴 때에는 생각 지켜보기가 도움이 된다. 생각이 자기 페이스대로 이어지게 하면서 그렇게 이어지는 생각을 관찰자가 되어 지켜보는 것이다. 생각하기(행동)와 생각 지켜보기(관찰) 두 가지를 함께하는 방법인데, 사실 이 방법 역시 나를 체험하고 알아차리는 일이다. 생각도 체험의 하나이기 때문이다.

재미있는 것은 생각에 관심을 갖고 꾸준히 지켜보면 생각이 서서히 꼬리를 감추고 줄어든다는 점이다. 그 이유를 정확히 꼬집어내기는 어렵지만 지켜보기라는 알아차림의 방식이 영향을 준 것은 분명하다. 명상이나 선을 통해 생각이 가라앉으면, 한편으로는 고요와 정적이 스며들고 한편으로는 집중력이 향상되는 것을 느낄 수 있는데, 아마도 그동안 가려졌던 나의 근원이 영양을 얻어 좀 더 단단하고 건강해지는 것이리라. 최근에는 명상이 익숙해지면서 번잡한 일상생활을 하는 중에도 명상을 하고 있는 나를 발견할 수 있는데, 앞으로 생활 명상이 이어지는 시간을 계속 늘릴 필요가 있다.

여섯째, 역동적인 스포츠를 자주 즐기자.

한때 나는 스키에 빠진 적이 있다. 높은 곳에서 스키를 타고 빠른 속도로 슬로프를 내려올 때는 그야말로 나의 온 존재가 살아서 반사적으로 반응한다. 온몸과 생각과 느낌과 행동이 매순간 완전히 하나가 되어 리드미컬하게 슬로프를 따라 움직인다. 스키를 타는 그 순간에는 다른 걸 생각하고 따질 여유가 없다. 그랬다가는 어느새 저 구석 어딘가에 처박혀 있을 것이 뻔하다. 생각이라면 오로지 순간순간 슬로프의 각과 노면 상태 그리고 내 몸이 달리는 속도를 판단하는 것으로 충분하다. 이때 느끼는 자유와 통일감, 그러니까 모든 잡념에서 벗어나게 하는 자유, 그리고 일사불란하게 하나의 전체로 살아 움직인다는 통일감은 내가 스키에 흠뻑 빠지게된 이유다. 요즘은 산악자전거에 그렇게 빠져 있다. 겨울에만 탈 수 있는 스키와 달리 산악자전거는 사시사철 즐길 수 있는 장점과 스키를 탈 때 느끼는 자유와 통일감을 그대로 느끼게 해 주기 때문이다. 게다가 산악자전거는 내리막뿐 아니라 힘을 써야 올라갈 수 있는 오르막 산길을 타야 해서 심폐 기능을 강화시켜 주고 다리 근육을 단단하게 해 준다. 운동이 끝나면 머리가 맑아지고 상쾌한 기운이 샘솟을 뿐 아니라, 집중력이 좋아지고 창의적인 아이디어가 넘쳐나면서 지적 생산력이 늘어나는 것도 큰 소득이다. 어쩔 수 없이 '지금 여기'에 머물게 하는 역동적인 스포츠가 가져다주는 효과다. 앞으로도 생각에 빠지지 않게 도와주는 다양한 유형의 역동적인 스포츠를 즐기면서 '지금'에 전체로 머무는 기회를 많이 갖도록 해야겠다.

일곱째, 대자연으로 자주 들어가자.

며칠 전 가야산의 남산 제일봉에 올라 붉게 타오르는 단풍을 보고 "아!" 하는 탄성을 지른 적이 있다. 붉게 타오르는 단풍이 눈에 들어오는 순간 그 아름다움에 몰입되어 나도 모르게 탄성이 절로 흘러나온 것이다. 단풍과 내가 온전히 하나가 된 체험의 순간이다. 이 체험의 순간에 생각은 끼어들 자리가 없다. 생각보다 먼저 자연과 내가 하나라는 체험이 먼저 알아차려지기 때문이다. 이렇게 자연과 하나되는 체험을 통해 자연의 생명력은 점차 나에게 스며들어 나를 또 하나의 자연으로 만들어 버린다. 이때 나는 무엇을 더 할 필요 없이 그냥 그 순간에 머물러 완전히 이완된 채 (현전재로 있으면서) 어디에선가 솟아오르는 평화와 행복과 사랑으로 가득할 뿐이다. 안나푸르나 등반길의 파란 하늘과 설산들, 길을 계속 걸어가면 하늘로 들어갈 듯 착각을 일으키게 하는 차마고도, 야생화가 활짝 핀 일본 북알프스의 장쾌한 능선, 하늘로 치솟은 기암괴석의 향연장인 공룡능선, 눈으로 뒤덮인 새하얀 한라산, 검푸른 빛으로 일렁이는 백두산 천지, 섬과 바다 그리고 빛나는 물결이 절묘하게 어우러진 다도해, 완도 상황봉에서 보이던 구름 위에 떠있는 섬 제주 등등…… 그동안 헤아릴 수 없이 많이 만났던 자연은 어김없이 나에게 감동을 주고 나의 생명을 흔들어 깨워 흥분시키곤 했다. 돌이켜보니 그 순간 생각은 끊어져 있었다. 앞으로도 국내의 산하를 누비고 전 세계로 이어지는 장거리 여행과 트레킹을 계속하며 자연을 찾아 경이로운 체험의 순간을 계속 누려야겠다. 그리하여 생각을 벗어나서 '지금'에 전체로 존재하는 현전재의 시간을 늘려 나가자.

04
현전재 연습

구름에 가렸어도 태양이 없는 건 아니지만 구름이 두껍게 가로막고 있는 한 태양은 아예 없는 것과 마찬가지거나 있어도 매우 미미한 존재로 여겨질 수밖에 없다. 태양으로부터 직접 내리쬐는 햇빛을 받으며 그 위력을 실제로 누려보지 않는 한 태양은 그저 추상적인 개념에 불과할 수도 있다. '큰 나'도 마찬가지다. 생각과 마음이라는 구름으로 가려져 있는 한 '큰 나'는 항상 막연한 이상이요 추상적인 개념으로 남을 따름이다. 태양을 보려면 구름을 거둬 내야 하듯 '큰 나'를 알려면 생각과 마음의 장막을 거둬 내야 한다.

나는 마이클 브라운(Michael Brown)이 저술한 『The presence process』라는 책에서 안내한 길을 따라 지금 여기에 전체로 존재하는 현전재의 과정을 체험해 보았다. 그리고 '큰 나'로부터 나를 멀리 떼어 놓는 생각과 마음의 장막을 헤치고 '큰 나'에서 나오는 빛을 슬쩍 쬐여 본 적이 있다. 비록 '슬쩍'이었지만 그 빛은 매우 강렬했고, 내 삶에 신선한 호흡이 시작됨을 느꼈다. 그동안 막연하게 생각하고 느껴 왔던 것들이 명백하게 드러나는 기분이랄까. 지금도 나는 그 책에서 배운 바를 따라 체험과 알아차림으로 가득한 현전재성이 넘치는 시간으로 내 삶을 채우고 싶다. 상담이라는 전문 분야에서 앞으로 내가 해 나갈 일도 아마 이쪽으로 초점이 맞춰질 것이다.

다음에서는 『The presence process』의 내용을 요약할 것이다. 현전재의 과정에 참여하는 프로그램을 간략하게나마 기록해 놓음으로써 혹 생각과 마음의 장난질로 나를 잃고 헤맬 때가 있다면 다시 도움을 받을 수 있으리라. 우선 현전재의 과정이 지향하는 삶의 양식에 대한 기본 패러다임을 살펴보자(p. 52).

현전재 과정이 지향하는 삶의 양식

- 무엇인가를 행하기 → 자연스러운 그대로 있기(from doing to being)
- 그냥 쳐다보기 → 관심을 갖고 자세히 들여다보기(from looking to seeing)
- 그냥 듣기 → 진지하게 경청하기(from hearing to listening)
- ~체 하며 꾸미기 → 솔직하게 드러내기(from pretence to presence)
- 불균형 → 균형(from imbalance to balance)
- 분리 → 하나(from separation to oneness)
- 반사적 반응 → 책임 있는 대응(from reacting to responding)
- 가짜 → 진짜(inauthentic to authenticity)
- 분열 → 통합(fragmentation to integration)
- 행복찾기 → 기쁨 허락하기(seeking happiness to allowing joy)
- 복수와 비난 → 용서(revenge and blame to forgiveness)
- 부정확한 지각 → 정확한 지각(incorrect perception to correct perception)
- 불평과 경쟁 → 자비(complaint and competition to compassion)
- 무의식적으로 행동하기 → 의식하며 행동하기(behaving unconsciously to behaving consciously)
- '시간 속에 살기' → 지금 이 순간의 알아차림 체험하기('living in time' to experiencing present moment awareness)

얼핏 보면 별 것 아닌 것 같지만 앞에서 대비시킨 삶의 양식에 대한 두 패러다임은 엄청난 차이가 있다. 예를 들어, '행복찾기' 와 '기쁨 허락하기'를 비교해 보면, '행복찾기'는 행복이 마치 숨어 있는 보물처럼 찾아야 하는 것으로 간주되는 반면, '기쁨 허락하기'는 이미 존재하고 있는 기쁨을 단지 누리면 되는 것으로 간주한다. 그러니까 우리가 보통 생각하는 것처럼 행복이나 기쁨은 지금 여기에 없기 때문에 찾아 나서야 하는 것이 아니라 이미 여기에 존재하기 때문에 드러내 누리기만 하면 된다는 것이다. 행복과 기쁨을 찾아야 할 것으로 보느냐 아니면 누려야 할 것으로 보느냐에 따라 우리의 일상생활은 전혀 달라진다. 늘 무엇인가를 향하여 바쁘게 달려갈 수도 있고 아니면 느린 템포로 천천히 순간순간을 즐길 수도 있다. 첫 줄에 대비시킨 '행하는 데(doing)' 초점을 두고 사는 방식과 있는 대로 '머무는 데(being)' 초점을 두고 사는 방식도 다 이와 연결되어 있다.

이 삶의 양식을 이해하려면 이 프로그램이 전제하고 있는 몇 가지 핵심 아이디어들을 알아둘 필요가 있다. 그 내용은 다음과 같다.

첫째, 나는 체험이요, 체험이 나다.

둘째, 체험인 나의 첫 출발은 감정과 더불어 시작된다. 나는 감정으로 태어난다.

셋째, 나의 감정은 환경 세계와 만나면서 이름과 개념들로 가득한 정신계를 만들어 낸다. 이 과정에서 하나의 흐름에 속했던 것들이 많은 것으로 나뉘고, 분리되고, 정지된다.

넷째, 이름과 개념들로 가득한 생활 속에서 감정은 그 순수함을 잃어버리고, 막히고 억압된 채 갇혀 있다.

다섯째, 막히고 억압된 감정에 의식적으로 주의를 기울이면,

그 안에 담긴 에너지를 해방시킬 수 있다.

여섯째, 억압된 감정 에너지가 해소되면 '지금' 일어나고 있는 것을 체험하고 알아차리게 된다.

일곱째, '지금'은 모든 것을 포함하고 있고 생명이 누릴 수 있는 엄청난 선물이며 축복이다.

여덟째, 건강, 행복, 기쁨, 사랑은 '지금'을 알아차릴 때 자동적으로 따라오는 부산물이다.

자, 그럼 마이클 브라운이 제시한 프로그램 '현전재의 과정'을 구체적으로 살펴보자. 이 프로그램은 호흡 연습, 현전재를 활성화시키는 진술, 그리고 지각을 돕는 읽기 자료의 과정으로 구성되어 있다.

현전재의 세 과정

호흡하기

의식적으로 연결한 호흡하기는 현전재 과정의 핵심이다. 왜냐하면 이것은 현재 순간의 알아차림을 쌓아 가는 가장 기초적인 도구이기 때문이다. 무슨 일이 있을지라도 호흡하기를 최소 15분씩 하루 두 번 실행하여야 한다. 의식적으로 호흡하기를 연결할 때 동시에 전개되어야 할 두 가지 주요 절차가 있다.

첫 번째 절차는 현재 순간의 알아차림을 모으기다.

이것은 멈추지 않고 호흡하면 얻게 되는 자동적인 부산물이다. 우리가 주의와 의지를 멈춤 없이 호흡하기에 초점을 맞추며 보내는 매 순간, 우리는 현재 순간의 알아차림을 쌓아 가는 중이다. 호흡에 몰입하고 있는 시간 동안 우리는 끝날 때까지 결코 멈추지 않겠다는 강한 의지를 내야 하며, 그렇게 함으로써 현재 순간의 알아차림을 가능한 한 많이 쌓아 두도록 한다. 마음/자아는 호흡을 하는 동안 쉬거나 멈춰야 할 그럴듯한 신체적 · 정신적 · 감정적 이유를 수없이 들이댈 것이다. 그러나 무슨 일이 일어나더라도 멈추지 말고 호흡해야 한다. 현전재의 과정에서 매일 호흡하는 훈련에 주의를 기울이는 것보다 더 중요한 것은 없다는 점을 명심해야 한다.

의식적으로 연결된 호흡을 하는 동안 작동시켜야 할 두 번째 절차는 산소 공급이다.

우리의 호흡 패턴이 정상화되어 있기 때문에 호흡하는 기간 동안에는 산소화가 증가한다. 호흡하는 모든 생명체는 온전한 현재 순간의 알아차림과 산소 공급을 유지하기 위하여 멈추지 않고 충분하게 호흡한다. 사람은 멈추는 것을 제외하더라도, 허파가 가진 역량의 20% 정도도 쓰지 못하는 습관이 있다. 우리는 현재 순간으로부터 분리되었을 뿐 아니라 심각하게 산소가 결핍된 조건 속에서 살아간다. 산소 공급은 우리 신체의 생명이다. 호흡을 하는 동안 매 호흡을 깊게 그리고 충분하게 한다면 더 좋을 것이다.

중요한 것은 현재 순간의 알아차림 모으기라는 점이다.

현전재를 활성화하는 진술

매 회기마다 현전재를 활성화하는 진술이 제시될 것이다. 이것들은 우리의 의식적이고 무의식적인 마음의 영역에 초점을 맞춘 것이다. 이들은 우리의 행동 패턴과 신념 체계를 재조정할 뿐 아니라 감정적으로 막히고 억압되었던 체험에 대해 의식적인 알아차림을 활성화하려고 고안된 것이다. 억압되었던 문제를 의식함으로써 우리는 그들을 통합할 수 있다. 이렇게 현전재를 활성화시키는 진술을 의도적으로 반복할수록 그들은 보다 더 효율적으로 우리를 도울 것이다.

읽기 자료와 지각을 돕는 도구

매 회기마다 문장으로 표현된 읽기 자료가 제시될 것이다. 이들은 간단하게 또는 서둘러 훑어보아서는 소화하기 불가능할 정도로 많은 양의 정보를 포함하고 있다. 이들은 수년간의 체험과 통찰을 담은 것으로 각 사람의 깨달음을 촉진하기 위하여 생각-꾸러미 형태로 제시된다. 이들은 우리의 의식적인 알아차림을 도울 뿐 아니라 현재 무의식적으로 전개되는 우리의 체험을 위해서 쓰인 것이다. 그렇기 때문에 그들은 때로 되풀이해서 나타날 때도 있다. 이 책은 사실 현전재를 활성화하는 진술을 긴 연속물로 신중하게 짜놓은 것이기도 하다.

현전재 과정 진행 지침

① 본격적인 회기에 들어가기 전에 이 프로그램을 통해 성취하려고 하는 목적에 대하여 강한 의지를 가져야 한다.

② 이 프로그램을 시작하면서 가졌던 처음의 의지가 프로그램이 진행됨에 따라 달라질 수 있다는 사실을 받아들이는 것역시 중요하다.

③ 프로그램이 진행되는 과정에 방해되는 환경이나 요소가 발생할 때 의연하게 대처하고, 이 프로그램이 자신을 돕는 최상의 길임을 믿는다.

④ 호흡 훈련을 할 때에는 편안하게 느낄 수 있는 헐렁한 옷을 입고 가능하면 동일한 장소에서 훈련하는 것이 좋다.

⑤ 공복 상태나 과식 상태에서 호흡 훈련을 하는 것은 좋지 않다.

⑥ 현전재의 과정은 저절로 해독을 자극하기 때문에 프로그램이 진행되는 동안 하루에 최소 1.5리터의 물을 마시도록 한다.

⑦ 호흡 훈련을 시작하기 전에 절대로 졸음이 오게 하는 약을 섭취하지 않는다.

⑧ 프로그램이 진행되는 동안 신체적·정신적·감정적 체험은 자신의 전반적인 생활 체험의 질에 균형이 회복되기 시작하면서 조정될 것인데, 이 조정은 잘못된 것이 아님을 알아야 한다.

⑨ 프로그램이 진행되는 동안 알코올 섭취는 전면 금지한다.

⑩ 프로그램이 진행되는 동안 마약이나 의식에 변화를 가져오

는 물질은 일체 섭취하지 않는다.

⑪ 프로그램이 진행되는 동안 제시된 과정에 변화를 주려는 자기(ego)의 어떤 시도와도 타협하지 말고 일관성을 유지한다.

⑫ 자기(ego)는 시간에 기초한 정체성을 갖고 있기 때문에 현재에 존재하는 것에 대해 거부 반응을 일으키는데, 이를 극복하는 유일한 길은 끝까지 현전재에 머무는 길 뿐이다.

⑬ 의심과 혼돈과 저항이 일어나는 순간에도 흔들리지 말고 현전재의 과정을 철저하게 신뢰한다.

⑭ 저항은 감기나 몸살, 호흡 훈련 참여에 주저하거나 지연하기, 과정 자체에 대한 분노, 짜증, 우울감, 무력감 등으로 나타날 수 있는데, 이럴 때일수록 매일의 훈련에 열심히 참여한다.

⑮ 현전재의 과정 내내, 자신의 무의식적 기억이 표면으로 떠오르기 시작해서 그것들이 생활 체험의 질에 미치는 부정적인 영향을 의식적으로 중립화할 수 있게 될 것이다.

⑯ 이것은 하나의 과정이라는 점을 항상 명심한다.

⑰ 이 과정을 완전히 마무리하면, 문이 보이고, 그 문을 어떻게 열수 있으며, 앞으로 남아 있는 자신의 생활 체험이 우리가 '내부 현전재성(inner presence)'이라고 부르는 이 장소에 의식적으로 들어가는 기회라는 점을 깨닫게 될 것이다.

⑱ 이 과정을 완전히 마무리하면, 실제적인 방법으로 새롭게 훈련되어서 우리는 앞으로 살아가면서 만나게 될 사건들을 처리하고 통합할 수 있는 지식, 체험, 지각 도구들과 신체를 갖

추게 될 것이다.

⑲ 프로그램을 마친 후 천천히 이 책 전체를 다시 읽으면 커다
란 도우미 될 것이다.

⑳ 호흡하기로 죽은 사람은 아무도 없다!

현전재 과정 프로그램의 실제

이 프로그램은 총 10번의 회기로 구성되어 있고, 각 회기는 일
주일 동안 지속된다. 그러니까 이 프로그램이 마무리될 때까지
70일 정도가 소요된다. 매 회기는 대략 다음과 같은 내용으로 진
행된다.

① 먼저 주어진 현전재를 활성화하는 진술을 암기한다.

② 각 회기를 위하여 준비된 읽기 자료를 통독한다. 읽기 자료
를 완전히 통독하고 나면, 나머지 일주일 동안에는 천천히
음미하면서 다시 그 내용을 되돌아본다.

③ 읽기 자료를 읽고 최소한 15분 동안 호흡과 연결하며 조용히
앉아 있는다. 아침에 자리에서 일어나자마자 15분, 그리고
잠자리에 들기 직전 15분씩 하루에 두 번 호흡 훈련에 주의
를 집중한다.

1회기

1. 일주일 동안 기억해야 할 현전재를 활성화하는 진술

   "나는 이 순간을 체험하기로 선택한다."

2. 읽기 자료와 지각을 돕는 도구들

   ① 우리의 내적 현전재성

   ② 호흡하려는 의지

   ③ 의식적으로 연계된 호흡하기

   ④ 의식적으로 연계된 호흡 훈련

   ⑤ 내적 현전재성 체험하기

   ⑥ 강조 어구들

   - "그런데 정말로 우리는 누구이고, 그리고 무엇일까?"
   - "변하지 않고 남아 있는 것이 당연히 영원한 것임에 틀림없다."
   - "우리 생명 내내 우리가 공유하는 것은 무엇일까?"
   - "우리는 다른 사람을 위해서 호흡할 수 없다."
   - "우리가 매일 하는 호흡 훈련은 우리가 찾는 열매를 맺어 줄 식물의 씨앗이다."
   - "그게 무엇이든 우리가 호흡하는 회기 동안 일어나는 신체적·정신적·감정적인 일은 일어나기로 예정된 일이다."
   - "우리는 신체적·정신적·감정적으로 불편한 가운데

서 회기를 마치지 않겠다고 작정해야 한다. 이완된 상태에 머무름으로써 그리고 연결된 호흡하기를 지속함으로써 우리가 가지고 있는 불편한 체험은 그게 무엇이든 녹아 없어질 때까지 펼쳐져야 한다."

• "어떤 환경에서도 우리는 현전재의 과정을 신뢰해야 한다. 정상적으로 그리고 자연스럽게 호흡하는 것으로 상처를 입은 사람은 아무도 없다."

• "침묵, 정적, 의식적으로 연결된 호흡 그리고 현전재를 활성화시키는 진술에 초점을 맞춘 마음은 현 순간에 이르는 가장 빠른 통로를 제공한다. 그 밖의 모든 것은 간섭이다."

• "살면서 우리 모두는 선택과 기회를 제공받았다. 그러나 우리를 실제적인 것으로, 그리하여 지속되게 이끌어 가는 것은 우리 자신의 발자국임에 틀림없다."

3. 일주일 동안 해야 할 일

① 매일 두 번 15분간의 호흡 훈련에 주의를 기울이는데, 첫 번째는 아침에 정신이 든 후에, 두 번째는 잠자기 직전에 시행한다.

② 정신적으로 주의가 흩어질 때마다 앞에 제시한 현전재를 활성화시키는 진술을 반복한다.

③ 읽기 자료를 재음미한다.

1. 일주일 동안 기억해야 할 현전재를 활성화하는 진술

"나는 세상 속에 내 모습이 투영되어 있음을 인정한다."

2. 읽기 자료와 지각을 돕는 도구들

① 메신저 알아보기

② 강조 어구들

- "우리를 감정적으로 뒤엎는 일이 일어나면, 그것이 사건으로 또는 다른 사람의 행동으로 나타나든, 우리는 우리 과거의 반영을 보고 있는 것이다."
- "우리가 신체적으로, 정신적으로, 또는 감정적으로 그런 환경에 반응할 때마다 우리는 투사하는 중이다."
- "그게 무엇이든지 부정적인 방식으로 우리의 감정을 촉발하는 생활 사건은 항상 과거로부터 현재 우리에게 전해지는 하나의 메시지다. 이렇게 우리를 촉발하는 사건을 '메신저'라고 부른다."
- "이 과정이 끝날 때까지 마치 극장에서 연극을 보듯이 우리는 뒤로 기대앉아서 우리의 생활 체험을 지켜보려고 노력해야 한다."

3. 일주일 동안 해야 할 일

① 매일 두 번 15분간의 호흡 훈련에 주의를 기울인다.

② 정신적으로 주의가 흩어질 때마다 앞에 제시한 현전재를 활성화시키는 진술을 반복한다.

③ 읽기 자료를 재음미한다.

3회기

1. 일주일 동안 기억해야 할 현전재를 활성화하는 진술

"나는 나의 모든 체험에 의식적으로 대처한다."

2. 읽기 자료와 지각을 돕는 도구들

① 메시지 얻어 내기

② 강조 어구들

- "세상 속에 투영된 자신의 모습에 자동적으로 반응하는 것은 진짜 미친 짓이다."
- "이 사건 또는 이 사람이 나에게 촉발시키는 이 특정한 감정적 반응은 무엇인가?"
- "나는 ~을 느낀다."(한 낱말로 감정을 기술한다.)
- "이와 정확하게 동일한 감정적 반응을 나는 이전에 언제 체험했었나?"
- "이 사건이 일어나기 전 나는 언제 이와 정확하게 동일한 감정적 반응을 체험했었나?"
- "이것은 나에게 무엇을 생각나게 하나? 그리고/또는

나를 향해 또는 내 주변에서 누가 이렇게 행동하곤 하
나?"

3. 일주일 동안 해야 할 일
① 매일 두 번 15분간의 호흡 훈련에 주의를 기울인다.
② 정신적으로 주의가 흩어질 때마다 앞에 제시한 현전재
를 활성화시키는 진술을 반복한다.
③ 읽기 자료를 재음미한다.

4회기

1. 일주일 동안 기억해야 할 현전재를 활성화하는 진술
"나는 자비어린 주의를 기울이며 나의 내적 균형을 회복한
다."

2. 읽기 자료와 지각을 돕는 도구들
① 치유하기 위해 느끼기
② 생활(삶) 체험의 질에 균형 회복하기
③ 강조 어구들
• "우리가 느끼는 고통과 불편함은 우리의 적이 아니라
친구이며, 우리를 해치려는 것이 아니라 도우려는 것
임을 깊이 성찰해야 한다."

- "고통과 불편함에 대하여 가장 고통스러운 것은 그에 대한 우리의 저항이다."
- "자비롭게 진정시키려는 명확한 의도를 가지고 그들에게 온전한 주의를 기울여 우리는 우리의 고통 또는 불편함과 '더불어 있기(be)'를 선택한다."
- "우리 밖에 있는 어떤 것도 우리 안에 일어나는 것들에 대해 실제적이고 지속적인 효과를 가질 수 없게 될 것이다."

3. 일주일 동안 해야 할 일
   ① 매일 두 번 15분간의 호흡 훈련에 주의를 기울인다.
   ② 정신적으로 주의가 흩어질 때마다 앞에 제시한 현전재를 활성화시키는 진술을 반복한다.
   ③ 읽기 자료를 재음미한다.

5회기

1. 일주일 동안 기억해야 할 현전재를 활성화하는 진술
   "나는 나의 어리석음을 자비롭게 포용한다."

2. 읽기 자료와 지각을 돕는 도구들
   ① 내부 자비를 활성화시키기

② 어린 자기를 구출하기

③ 강조 어구들

- "치유가 필요한 것은 우리의 성인 체험이 아니라 우리의 아동기다."
- "'시간' 속에서 우리의 성인 체험은 아동기의 메아리다."
- "우리가 시간과 공간을 거슬러 올라가 아이에게 필요한 무조건적인 사랑과 관심을 기울여 줄 수 있는 현재 순간의 안전함으로 데려옴으로써 (우리 안에 있는) 아이를 구출하지 않는 한, 성인으로서 우리는 결코 진정한 평화를 체험하지 못할 것이다."

3. 일주일 동안 해야 할 일

① 매일 두 번 15분간의 호흡 훈련에 주의를 기울인다.

② 정신적으로 주의가 흩어질 때마다 앞에 제시한 현전재를 활성화시키는 진술을 반복한다.

③ 읽기 자료를 재음미한다.

6회기

1. 일주일 동안 기억해야 할 현전재를 활성화하는 진술

"나는 나의 부정적인 감정 에너지를 중립화시킨다."

2. 읽기 자료와 지각을 돕는 도구들

　① 부정적인 감정적 흥분 감소시키기

　② 감정 정화 과정

　③ 물 속으로

　④ 강조 어구들

　　• "기쁨은 에너지가 들어 있는 모든 상황을 우리가 똑같이 맞이할 때에만 가능하다."

　　• "감정 정화 과정의 힘은 100% 인과적이라는 데 있다. 이처럼 그 유익은 필연적이다."

　　• "무의식적으로 반응할 때 우리는 생활 체험에 대하여 어떻게 반응하는가? 화내기(뒤집어지기)-비난하기-죄의식, 후회 또는 수치심 느끼기."

　　• "새롭게 학습한 책임 있는 행동은 다음 순으로 진행된다. 심부름꾼 해고하기-메시지 얻기-느끼기-와서 지나가게 하기."

3. 일주일 동안 해야 할 일

　① 매일 두 번 15분간의 호흡 훈련에 주의를 기울인다.

　② 정신적으로 주의가 흩어질 때마다 앞에 제시한 현전재를 활성화시키는 진술을 반복한다.

　③ 읽기 자료를 재음미한다.

※ 7회기부터 9회기까지 3회기 동안은 15분간 호흡 훈련을 하기 전 적어도 20분 이상 따듯한 물에 몸을 담근다.

1. 일주일 동안 기억해야 할 현전재를 활성화하는 진술

   "나는 이 몸 안에서 안전하게 느낀다."

2. 읽기 자료와 지각을 돕는 도구들

   ① 우리가 가는 길 철저하게 느끼기

   ② 자기(ego)를 냉각시키기

   ③ 부정적인 감정의 힘 빼앗기

   ④ 신체적인 현전재 포용하기

   ⑤ 강조 어구들

   • "알아차림의 길을, 감정-정신-신체에서 신체-정신-감정으로."

   • "우리가 느끼고 있는 것 또는 우리의 내부 촉진자가 우리에게 전하는 것이 실제이며 진실이라는 것을 받아들이기 위해 '왜?'를 알 필요는 없다."

   • "지금 우리가 감정의 몸을 통과해 갈 때 일종의 정신적 혼란을 체험하는 것은 유익하다. 앞으로 나아가고 있다는 표시이기 때문이다."

   • "우리가 얻고자 하는 관심을 스스로에게 '주기' 위하여 요구되는 감정적 성숙성 계발을 선택하는 대신, 우

리는 다른 사람들로부터 이 관심을 '얻을' 수 있는 바깥 드라마로 나타내기를 더 좋아한다."

• "호흡을 한 후에 다음과 같은 질문을 하여 체험이 신체적 현전재성을 향하게 한다."

  – 신체적 현전재의 목적은 무엇일까?

  – 나는 어떤 소리를 신체적 현전재와 연합시키고 있는가?

  – 나는 어떤 색깔을 신체적 현전재와 연합시키고 있는가?

  – 나는 어떤 냄새를 신체적 현전재와 연합시키고 있는가?

  – 나는 어떤 맛을 신체적 현전재와 연합시키고 있는가?

  – 나는 어떤 감정을 신체적 현전재와 연합시키고 있는가?

  – 나는 어떤 질감을 신체적 현전재와 연합시키고 있는가?

  – 신체적 현전재는 나를 위해 어떤 물리적 형태를 취하고 있는가?

  – 나는 어떤 움직임을 신체적 현전재와 연합시키고 있는가?

  – 나는 어떤 시각적 상징을 신체적 현전재와 연합시키고 있는가?

  – 나는 지금 나의 삶 어디에서 자연스럽게 신체적 현전재를 체험하고 있는 걸까?

3. 일주일 동안 해야 할 일

  ① 매일 두 번 15분간의 호흡 훈련에 주의를 기울인다.

  ② 정신적으로 주의가 흩어질 때마다 앞에 제시한 현전재를 활성화시키는 진술을 반복한다.

  ③ 읽기 자료를 재음미한다.

8회기

※ 호흡 훈련을 하기 전 적어도 20분 이상 따듯한 물에 몸을 담근다.

1. 일주일 동안 기억해야 할 현전재를 활성화하는 진술

   "내 마음의 평화는 내가 책임진다."

2. 읽기 자료와 지각을 돕는 도구들

   ① 용서를 통해 마음의 평화 활성화하기

   ② 강조 어구들

   - "예외 없이 우리가 만나는 모든 사람은 표면적으로 행동을 어떻게 할지라도 무조건적인 사랑의 체험을 찾고 있다."

   - "다른 사람과 상호작용을 하는 동안 우리가 목격하는 무조건적인 사랑의 행위가 아닌 모든 행동은 무조건적 사랑을 향한 울부짖음이다."

   - "무조건적 사랑은 체험할 수 있게 주어져야 한다. 왜냐하면 이것은 오로지 주는 행위를 통해서만이 체험할 수 있는 것이기 때문이다."

   - "무조건적 사랑은 주기(for giving)요, 무조건적 사랑은 용서하기(forgiving)다."

   - "용서의 체험 너머에는 마음의 평화가 있다. 마음의 평화는 자발적인 기쁨과 창조성의 영원한 샘이다. 자발적인 기쁨과 창조성은 현재 순간 알아차림에서 나오

는 울림이다."

- "호흡을 한 후에 다음과 같은 질문을 하여 체험이 정신
적 명료함을 향하게 한다."

  – 정신적 명료함의 목적은 무엇일까?

  – 나는 어떤 소리를 정신적 명료함과 연합시키고 있는가?

  – 나는 어떤 색깔을 정신적 명료함과 연합시키고 있는가?

  – 나는 어떤 냄새를 정신적 명료함과 연합시키고 있는가?

  – 나는 어떤 맛을 정신적 명료함과 연합시키고 있는가?

  – 나는 어떤 감정을 정신적 명료함과 연합시키고 있는가?

  – 나는 어떤 질감을 정신적 명료함과 연합시키고 있는가?

  – 정신적 명료함은 나를 위해 어떤 물리적 형태를 취하고
  있는가?

  – 나는 어떤 움직임을 정신적 명료함과 연합시키고 있는가?

  – 나는 어떤 시각적 상징을 정신적 명료함과 연합시키고
  있는가?

  – 나는 지금 나의 삶 어디에서 자연스럽게 정신적 명료함
  을 체험하고 있는 걸까?

3. 일주일 동안 해야 할 일

   ① 매일 두 번 15분간의 호흡 훈련에 주의를 기울인다.

   ② 정신적으로 주의가 흩어질 때마다 앞에 제시한 현전재
   를 활성화시키는 진술을 반복한다.

   ③ 읽기 자료를 재음미한다.

9회기

※ 호흡 훈련을 하기 전 적어도 20분 이상 따뜻한 물에 몸을 담근다.

1. 일주일 동안 기억해야 할 현전재를 활성화하는 진술

"자발적으로 기쁨이 넘치도록 나 스스로를 초대한다."

2. 읽기 자료와 지각을 돕는 도구들

① 감정적 균형을 회복하기

② 강조 어구들

- " '얻어 내는' 행위는 항상 부족함을 끌어내기 시작한다."
- "주는 것이 받는 것이다. 우리는 주변의 어떤 사람 또는 어떤 것과도 분리되어 있지 않다. 우리가 무조건적으로 줄 때, 우리는 사랑에 대한 무의식적 정의가 이 세상에 주는 것과 반대되는 무엇이건 무제한으로 가질 수 있다."
- "이 세상으로부터 '얻어 낼' 것은 아무것도 없다."
- "호흡을 한 후에 다음과 같은 질문을 함으로써 체험이 감정적 균형을 향하게 한다."
  - 감정적 균형의 목적은 무엇일까?
  - 나는 어떤 소리를 감정적 균형과 연합시키고 있는가?
  - 나는 어떤 색깔을 감정적 균형과 연합시키고 있는가?
  - 나는 어떤 냄새를 감정적 균형과 연합시키고 있는가?
  - 나는 어떤 맛을 감정적 균형과 연합시키고 있는가?

- 나는 어떤 감정을 감정적 균형과 연합시키고 있는가?

- 나는 어떤 질감을 감정적 균형과 연합시키고 있는가?

- 감정적 균형은 나를 위해 어떤 물리적 형태를 취하고 있는가?

- 나는 어떤 움직임을 감정적 균형과 연합시키고 있는가?

- 나는 어떤 시각적 상징을 감정적 균형과 연합시키고 있는가?

- 나는 지금 나의 삶 어디에서 자연스럽게 감정적 균형을 체험하고 있는 걸까?

3. 일주일 동안 해야 할 일

① 매일 두 번 15분간의 호흡 훈련에 주의를 기울인다.

② 정신적으로 주의가 흩어질 때마다 앞에 제시한 현전재를 활성화시키는 진술을 반복한다.

③ 읽기 자료를 재음미한다.

10회기

1. 일주일 동안 기억해야 할 현전재를 활성화하는 진술

"스스로에게 감사한다."

2. 읽기 자료와 지각을 돕는 도구들

① 깨달음을 위하여 자신이 꾸미는 드라마 내려놓기

② 감사(gratitude: great attitude)

③ 강조 어구들

- "우리는 우리 주변의 모든 생명과 큰 하나다."
- "구하라 그러면 받을 것이오."
- "찾으라 그러면 찾을 것이다."
- "신앙(faith)은 외부 지원을 필요로 하지 않는다. 오직 '믿음(belief)'만이 그럴 뿐이다."
- "현전재의 과정이 지금 우리에게 깊이 생각하라고 하는 것은 우리 사이의 이 간격, 즉 우리가 이름을 붙이고 목적을 준 이 세상이 바로 우리와 신이 무엇인지에 대한 우리의 체험 사이를 가로막고 있다는 것이다. 현전재의 과정이 우리에게 깊이 생각하라고 하는 것은 다른 사람(또는 피조물)과 우리 자신 사이에 있다고 우리가 지각하는 거리는 신에 대한 우리의 체험과 우리 자신 사이에 놓여 있는 거리라는 것이다. 마찬가지로 주어진 어떤 순간 이 간격에 우리가 부여하는 중요성이 항상 간격의 다른 쪽에서 우리를 꿰뚫어 바라보는 신의 현전재를 깨닫지 못하도록 한다는 사실을 깊이 생각하라고 우리에게 요청한다."
- "실제적인 것은 결코 변화하지 않는 것이다."
- "오직 대문자 하나(ONE)의 현전재가 있다. 우리의 현전재는 하나다(ONE)."
- "우리 존재에 대한 무조건적인 사랑을 받지 못했기 때문에 우리는 이 무조건적 사랑을 받을 자격을 갖추기

위하여 무엇인가를 '해야' 하는지 알아내려고 노력하기 시작했다."

- "잠깐 멈추고 숨을 쉬어라. 우리는 이미 우리가 '될(be)' 수 있는 모든 것이다. 우리는 있는 그대로 완벽하다. 이 순간 지금 여기에 현전재하는 것 외에 '해야 할(do)' 것은 없다."

- "우리는 우리가 누구인지 무엇인지에 대해 스스로에게 감사할 것을 요청받고 있다. 지금 판단이나 걱정 없이, 조건이나 기대 없이, 우리는 우리 자신에 대해 감사할 것을 요청받고 있다. 왜냐하면 체험 속에서 우리가 정말로 그렇게 할 수 있는 유일한 자이기 때문이다."

- "우리의 내적 현전재는 자연스럽고 손쉽게 다음과 같은 특성들로 우리를 채울 것이다. 평화, 순수, 창조, 자발적 기쁨, 무조건적 사랑, 모든 생명과 하나, 곤경에서 자유로움 알기."

- "우리는 우리가 결코 혼자인 적도 없고 혼자가 아니라는 것을 깨달을 것이다."

- "우리는 우리의 모든 것이 세포라는 것을 깨달을 것이다."

- "우리는 우리 생각의 힘을 깨달을 것이다."

- "우리는 하나라는 믿음을 가지고 살아가면 위대한 가능성이 삶이 도래할 것이라는 사실을 깨달을 것이다."

- "사랑은 우리의 목표다."
- "감사(gratitude)라는 용어가 위대한 태도(great attitude)를 암시한다는 것은 우연이 아니다."

3. 일주일 동안 해야 할 일

① 매일 두 번 15분간의 호흡 훈련에 주의를 기울인다.

② 정신적으로 주의가 흩어질 때마다 앞에 제시한 현전재를 활성화시키는 진술을 반복한다.

③ 읽기 자료를 재음미하며, 간격을 메울 힘을 부여하는 지각적 도구들을 적용한다.

05
현전재와 네 가지 만남

다른 사람들은 나한테 어떤 의미가 있는 것일까?

그들과 어떤 만남, 어떤 관계를 갖는 것이 바람직한 것일까?

그리고 현전재를 충실하게 반영하는 만남과 관계는 어떤 것일까?

상담을 전공하며 살아온 나는 늘 '관계'를 중시했다. 다른 사람들과 내가 맺는 관계는 물론이요, 청담자들이 주변 사람들과 맺는 관계에 대해서 항상 관심을 가졌다. 사람에게서 태어나서 사람들 사이에서 살다가 사람들을 떠나는 게 인생이므로 삶에서 사람들만큼 소중한 것도 없다고 생각했기 때문이다. 로빈슨 크루소가 그랬던 것처럼 우리는 물리적으로 사람과 떨어져 있을 때에도 정신적으로는 결코 사람들을 떠난 적이 없다. 우리의 존재와 의식이 사람에 뿌리를 박고 있는 까닭이다.

인격적 만남, 참만남

만남과 관계에 대한 나의 생각은 마틴 부버(Martin Buber)의 『나와 너』를 만나면서 아주 구체적으로 정리되었다. 나는 이 생각을 『진정성』이라는 책에서 자세히 기술한 적이 있다. 그 책에서 나는 관계의 시작이 되는 만남을 좋은 만남과 나쁜 만남으로 나누고, 좋은 만남을 인격적으로 성장시키는 참만남(encounter)이라고 정의한 바 있다. 그 책에서 주장한 바를 잠깐 살펴보자.

참만남은 라틴어의 'encounter'에서 나온 것으로서 en(보다)과

counter(~에 반하여, ~에 거슬러, ~기대어)가 합쳐져 생긴 말이다. 그러니까 참만남에는 '반대를 보다.' '거스름을 보다.' '기대어 보다.'라는 뜻이 들어 있다. 참 역설적이다. 서로 만나 관계를 맺으려면 두 사람은 서로 마주 서 있어야 한다. 그런데 이 마주 서 있는 사람(너)은 그냥 단순히 나와 마주 서 있을 뿐 아니라, 나와 반대가 되고 나를 거스르는 사람이라고 규정된다. 그러니까 품성이나 행동이나 주장이 아예 근본부터 나와 다른 사람이다. 근본이 나와 다르기 때문에 이 '너'는 당연히 나와 다른 욕구를 갖고 나와 다른 행동을 할 수밖에 없다. 그런데 참만남을 이루기 위해서는 이렇게 나와 다른 '너'를 보아야 한다. 다르다고 눈을 돌리지 말고 오히려 거기에 초점을 맞추어야 한다. 다른 정도가 나를 거스르고 심지어 나와 반대가 되는 '너'의 특성을 제대로 봐 주어야 한다. 따라서 참만남은 진짜로 나와 다른 특성을 가진 수수께끼와 같은 '너'를 있는 그대로 껴안기라고 말할 수도 있다.

참만남을 알고부터 나는 나와 가장 가까이 있는 아내와 참만남을 하기 위하여 무진장 애를 썼다. 전에 나는 아내가 마치 나와 같은 사람인 양, 그러니까 같은 생각을 하고, 같은 욕구를 갖고, 같은 가치관을 가지고 있는 양 행동했다. 그래서 간혹 아내가 나와 다른 행동을 하면 이상한 생각이 들어서 짜증스럽게 대응하고, 심하게 화를 낸 적도 많다. 같다고 생각했는데 다르니 당연한 반응이다. 그런데 그게 아니었다. 아내는 본래 나와 같은 사람이 아니다. 아니 같기는커녕 나와 반대되고 나를 거스를 정도로 나와 다른 사람이다. 이렇게 다른 사람을 나와 같다고 전제하고 매번 내 생각과 욕구와 가치관을 앞세워 덮어 버리려 했으니 아내는 얼마나 답답했을까?

　이 말을 하니 신혼 초가 생각난다. 갓 결혼을 하고 나서 우리는 부모님 집에 얹혀살았다. 그러니까 아내가 '시집'을 온 셈인데, 나는 당연히 아내가 나처럼 우리 부모님을 대할 줄 알았다. 그러나 아내는 그러지 않았다. 아내가 나빠서가 아니라 나와 달랐기 때문이다. 아내가 생각하는 효도나 바람직한 부모–자식 간의 관계는 나의 생각과 상당히 달랐던 것이다. 그리하여 나를 내세우고, 나를 주장할수록 아내와 갈등이 심해지고, 부모님께 효도하는 일은 점점 더 어려워졌다. 나를 내세우고, 주장하는 일이 결국 아내 입장에서는 자신을 무시하고, 억압하는 일로 받아들여졌던 까닭이다. 그러다가 아내가 나와 다른 사람이라는 사실을 인정하고 매사에 아내의 의견을 존중하겠다는 결심을 굳히게 된 이후, 다시 말해 아내의 선의를 존중하면서 아내가 부모님에게 어떻게 하든 일체 참견하지 않고 내버려 두기 시작하자 상황이 서서히 달라졌다. 부부 관계가 좋아졌을 뿐 아니라 부모님이 흡족해 하시는 빈도가 잦아졌다. 처음 아내의 행동에 참견하지 않고 내버려 두는 일은 결코 쉽지 않았다. 아내의 행동을 바라보면서 속으로 별별 생각이 다 스쳐가고, 어떻게든 참견하고 싶어 안절부절 못하고 마음이 바빴다. 그럴 때마다 나의 미숙함을 탓하며 삶의 기준이나 생활방식이 나와 다른 아내를 신뢰하고 존중하는 마음을 쌓아 가려고 노력했던 것이 효과가 있었다. 가장 가까이 있는 아내와도 참만남을 못하면서 다른 사람들의 삶을 코칭하는 자기 모순에 빠진 어리석은 상담자는 되지 않아야 한다는 경계심도 한 몫했을 것이다. 아직도 나는 아내와 더러 부딪친다. 하지만 아내가 나와 다른 사람일 뿐 아니라 자기 나름으로 성장해 가는 고귀한 인격임을 믿어 의심치 않는다.

생성적 만남

그런데 마틴 부버는 참만남에서 한 걸음 더 나아가는 발언을 한다. 부버는 원래 스스로 존재하는 '나'는 없다고 단언한다. '나'는 항상 '나-너'의 나이거나 '나-그것'의 나로서 있을 뿐이라는 것이다. 그러니까 '나'는 항상 관계가 있을 때 비로소 존재한다는 말이다. '나'의 존재가 이렇게 대상인 '너'와의 관계에 붙박이가 되어 있는 것이라면 '너'와의 만남은 나를 실현하게 하는 터전이다. 다시 말해 '너'를 만나고 체험함으로써 비로소 타고난 나의 이러저러한 특성이 구체적으로 실현될 수 있다는 말이다(박성희, 2011). 부버는 인격의 핵심을 구성하는 정신조차도 너와의 관계에서 만들어지는 것임을 강조했다.

정신은 '나'의 안에 있는 것이 아니며 '나와 너' 사이에 있는 것입니다. 정신은 그대의 몸속을 돌고 있는 피 같은 것이 아니라, 그대가 그 속에서 숨 쉬고 있는 공기와 같은 것입니다. 사람은 '너'

에게 응답할 수 있을 때, 정신 안에서 살고 있습니다. 사람은 그의 존재 전체를 기울여 관계에 들어설 때 '너'에게 응답할 수 있습니다. 사람은 그의 관계 능력에 의해서만 정신 안에서 살 수 있습니다(Martin Buber, 1917, p. 54).

'너'와의 만남이 없으면 정신은 아예 설 자리가 없다고 한다. 너, 그리고 너와 내가 만나고 참여하는 관계가 있기 때문에 비로소 정신이 존재하며, 너와 내가 정신적인 존재로 살 수 있다고 한다. 우리의 정신, 우리의 인격이 바로 만남과 관계의 산물이라는 것이다(박성희, 2011). 만남과 관계에 대한 부버의 말은 나에게 충격이었다. 내 몸이 그런 것처럼 원래 '나'는 따로 존재한다고 생각했는데, 그리고 이 '나'가 중심이 되어 대상 세계를 지각하고 인식하고 포섭한다고 생각했는데, 그게 아니라고 한다. 원래 '나'는 존재하지 않았고, '나'는 너와 함께 생성되는 것이라고 한다. '너'와의 만남과 관계를 통해서 비로소 창조되고, 생성되고, 구성되고, 만들어지는 존재가 '나'라고 한다.

'나'가 이런 존재라면, 내가 어떤 사람과 만나서 어떤 관계를 맺는가는 나의 정신과 존재를 결정하는 엄청난 사건이다. 조금 심하게 말하면 '나'는 지금까지 내가 만나 관계를 맺은 모든 이에게 받은 영향력의 총화라고 말할 수 있다. 만일 내가 현재 내 일상에 등장하는 사람들이 아니라 전혀 다른 사람들과 만나서 살고 있다면, 그때의 나는 지금의 나와 같을까? 만일 지금의 부모님이 아니라 다른 부모님에게서 태어나 성장했다면 그때의 나가 지금의 나와 같은 정신을 가지고 있을까? 아니다. 나는 분명 지금과 다른 내가 되었을 것이다. 내가 만난 다른 부모와의 관계는 나를 지금과 다른 정신을 가진 사람으로 만들었을 것이다. 만남이 가진 이렇게 명확하고 분명한 사실에 눈을 감고 살아왔다는 게 참 신기할 따름이다.

사랑을 예로 들어 보자. 사랑이라는 말을 할 때 지금 내 머릿속에는 여러 심상이 떠오른다. 그런데 내가 아내가 아닌 다른 여인과 사랑을 했다면 내게서 떠오르는 사랑에 대한 심상은 지금과 전혀 다를 것이다. 어디 심상뿐일까? 사랑에 대한 개념, 느낌, 생각, 추억 등 모든 것이 지금과 다를 것이다. 그러니까 같은 사랑에 대해 나의 정신은 전혀 다른 내용으로 채워질 것이다. 단순히 사랑의 상대가 달라지는 것뿐 아니라 사랑 자체가 다르게 구성된다는 말이다. 꼭 그렇다고 단정할 수는 없지만, 짝사랑으로 그쳤던 여인과 사랑을 했다면 아마도 나의 사랑은 보다 헌신적일지도 모르고, 귀찮을 정도로 나를 쫓아다니던 여인과 사랑을 했다면 나의 사랑은 보다 이기적일지도 모르며, 특정 집단에서 만났던 여인과 사랑을 했다면 나의 사랑은 보다 조직 중심적일지도 모른다. 그러니까 누구와 만나 어떤 관계를 맺느냐에 따라 나의 사랑이 달라지고, '나'가 달라진다.

정신이 나와 너 '사이'에 있는 것이고, 만남이 이 정신을 만들어 가는 근원이라는 인식은 두 가지 새로운 지혜를 나에게 제공했다. '나'는 분리되고 고정된 실체가 아니라 대상과의 관계 속에서 늘 새롭게 형성되는 구성체라는 점과 나의 변화와 성장을 가능케 하는 원천으로서 '너'의 가치다.

종전의 나는 자아의식이 생긴 어느 순간부터 본질이 한결같은 변함없는 존재였다. 이 나가 너를 만나 변화를 경험하기도 하지만 그 변화는 언제나 '나'라는 본질 위에 덧붙인 것이지 이를 대체하는 것은 아니었다. '나'가 결단해서 변하는 것이고 '나'가 의지해서 달라지는 것이지, 결단하고 의지하는 '나' 자체에 변화가 생긴 건 아니라는 말이다. 내가 아내를 존중한다고 말할 때, 이 존중은 일단 아내와 아무 상관이 없다. 내가 스스로 존중하는 마음을 내어 아내를 대하는 것이 전부다. 그러니까 존중이라는 행위에서 어디까지나 나는 주체고 아내는 객체다. 나는 존중을 하는 사람이고 아내는 존중을 받는 사람이다. 그게 전부다. '너'에 해당하는 아내가 나에게 작용을 해서 나의 본질에 변화를 일으킬 여지가 없다. 존중이라는 행위를 통해 나와 너(아내) 둘이 만나기는 하지만 이 둘의 본질에는 변함이 없다. 이는 마치 과학에서 말하는 물리적 변화와 유사하다. 물리적 변화는 두 대상이 각자의 성질을 유지한 채 외부 형상만 달라지는 변화를 뜻한다. 그러니까 둘이 만나서 어떤 변화가 생기기는 하는데 그 변화가 둘의 본질을 바꾸는 것은 아니라는 말이다. 그런데 제대로 된 나와 너의 만남은 그런 게 아니다. '나'는 '너'를 만나 본질에 변화를 일으킨다. 그리하여 '너'를 만나기 전의 '나'와 만난 후의 '나'는 완연히 다른 내가 된다. 만남을 통해 새로운 '나'가 생성되고 창조되는 것이다. 내가 아내를 존중하려고 할 때 그 존중은 원래 내가 의도했던 뜻대로 펼쳐지지 않는다. 아내라는 변수를 만나면서 나의 존중은 내가 예상치 못한 형태로 바뀔 수 있다. 그리하여 나의 존중으로 시작한 나와 너(아내)의 관계는 새로운 차원으로 발전한다.

이때 원래 내가 의도한 존중을 고집하지 않아야 한다. 그 대신 너(아내)를 만나 새로운 차원으로 진전되는 관계에 나의 온 관심을 기울여 집중해야 한다. 존중으로 시작된 만남 속에서 '나'가 열려 있어야 하는 이유다. 결국 이런 과정을 통해서 나는 변화하고 성장한다. 아내에 대한 존중으로 시작한 만남이 보다 성숙한 모습으로 나와 너를 이끌어 간 것이다. 이런 관계는 두 물질이 결합하여 원래 물질과 성질이 다른 물질로 변화하는 화학적 변화와 매우 유사하다. 나와 너가 만나서 '우리'라는 관계를 구성하면서 새로운 나와 새로운 너를 생성하는 것이다. 이때의 나는 분명 이전의 '나'가 아니다. 너 역시 마찬가지다.

이전의 '나'는 '너'를 언제나 '나'와 분리된 존재로 인식하고 그렇게 대했다. '너'로 인해 기뻐하고 슬퍼하고 아파하고 화를 냈지만, 그리고 '너'를 인정하고 존중하고 사랑했지만, '너'는 어디까지나 '나'와 따로 떨어져 있는 존재였다. 이따금 '너'와 융합되는 체험을 하지만 그 체험마저도 '나'가 하는 것이고 '너'는 그 체험의 빌미를 제공하는 또 다른 존재에 불과했다. 한마디로 '너'는 내 삶을 풍요롭게 살아가는 데 활용되는 도구에 머물렀다. '나'의 필요와 욕구의 의지에 의해 밀었다 당겼다 얼마든지 달리 대할 수 있는⋯⋯. 그런데 부버는 '너'는 '나'의 존재를 규정하고 결정하는 원천이라고 잘라 말한다. '너'가 없으면 아예 '나'가 없을 뿐 아니라 '나'의 변화와 성장도 있을 수 없다고 한다. 정신이 만들어지는 '사이'가 존재하려면 '너'가 반드시 거기 있어야 한다. 이렇게

'나'에게 있어 '너'의 가치는 무한하다. 아니 필수 불가결하다. 문제는 '너'의 가치를 모르고 기껏해야 수단이나 도구 정도로 거칠게 대하는 '나'에게 있다. 자의에 따라 '너'를 무시하고 볼품없게 대하기 때문에 '나'의 삶이 정체되고 메말라 있었던 것이다. '너'를 대하는 '나'의 자세는 바로 '나'의 삶을 대하는 자세 바로 그것이었다. 정신이 번쩍 들었다. 그리고 내 주변에 있는 '너'들에 관심을 기울이기 시작했다. 그러고 보니 내 주변에 참 많은 '너'들이 있다는 게 눈에 들어왔다. 아내를 비롯하여 수많은 사람들, 자연 그리고 온갖 사물과 사건들. 무심하게 타고 다니던 자동차도 이제 '나'에겐 특별한 '너'로 보이기 시작했다. 대상들을 바라보는 나의 시선에 전에 없던 따사로움이 배고, 이분법에 근거한 나 중심적 삶이 서서히 꼬리를 내리게 되었다.

'너'의 가치에 대한 인식이 새롭게 자리를 잡으면서 아내를 대하는 나의 태도에도 혁명이 일어났다. 아내는 단순히 나의 동반자가 아니다. 같은 곳을 향하여 나란히 손을 잡고 가는 인생의 동반자라는 표현으로는 화학적 변화를 구현해 가려는 나와 아내의 관계를 제대로 포착할 수 없다. 아내는 내가 단순히 존중하고 사랑해 주기만 하면 그것으로 충분한 존재도 아니다. 아내는 나의 존재와 성장에 없어서는 안 될 필수적인 존재다. 아내가 있어야 나는 남편으로, 가장으로 존재할 뿐 아니라 보다 성숙한 인간으로 거듭날 수 있다. 그러므로 나는 아내에게 제대로 응답하기 위하여 나의 온 관심을 기울여 아내와의 관계에 들어서야 한다. 아내와 깊은 만남을 하며 나의 본질에 변화를 일으켜야 한다. 그리

하여 아내와의 관계 속에서 나를 완성해 가는 과정에 동참해야 한다. 그러니 아내가 나에게 얼마나 소중한 존재인가!

이런 인식이 생겼다고 해서 아내를 대하는 나의 행동에 커다란 변화가 생긴 것은 아니다. 다만, 아내를 바라보는 나의 시각과 태도가 예전과 사뭇 다르다. 아내가 눈치채지 못했을지 모르지만 어느새 아내는 내 삶의 중요한 내용이며 목표가 되었다. 물론 아내에게 응답하는 방식이 아직도 서툴고 미숙하지만…….

아내를 예로 들었는데, 아내를 두고 한 말은 내가 만나는 다른 모든 '너' 들과의 관계에도 원리상 동일하게 적용된다. 만남의 종류는 다를지라도 그 만남에 나의 온 존재를 쏟아 부으며 응답하려고 노력할 것이다. 그것이 나를 위한 최선의 길임을 아는 까닭이다.

이분법을 넘어서는 동체적 만남

만남과 관계에 대한 나의 인식은 부버를 만나면서 완성되는 듯했다. 그러나 현전재성에 대해 알아 가면서 이 인식이 한 단계 더 진전되어야 함을 깨달았다. 현전재성은 만남과 관계가 한층 더 깊은 수준에서 이루어지고 있음을 암시하고 있다. 이미 여러 번 말했듯이 현전재로 드러나는 '나' 는 항상 현재 일어나는 체험과 그 체험에 대한 알아차림으로 표현된다. 그런데 체험 안에서 나와 대상은 분리가 불가능한 하나다. 앞에 써 놓은 글을 인용해 보자.

"나는 대상을 보며(체험하며) 나를 본다(체험한다). 그러므로 대상을 보는(체험하는) 일은 곧 나를 보는(체험하는) 일이요, 대상을 아는 일은 곧 나를 아는 일이기도 하다. 체험 안에서 대상과 나는 이렇게 붙어 있기 때문에 굳이 '나'와 대상이라는 분리된 용어를 사용하는 것 자체가 오해를 불러일으킬 따름이다. 이렇게 대상을 모두 끌어안고 있는 '나', 시간과 공간 모든 곳에 가득 차 있는 '나'가 바로 '큰 나'일 것이다."

이같은 맥락에서 보면 존재하는 것은 오로지 '나'뿐이며 '너'는 없다. 아니, 너는 나와 온전한 하나요 나의 다른 표현일 따름이다. 따라서 나와 너 사이에는 만남이나 관계라는 말 자체가 성립하지 않는다. 만남과 관계는 두 개의 분리된 존재가 있다는 것을 전제하고 그 둘이 어떤 방식으로든 연결되는 상태를 뜻하기 때문이다. 그럼에도 이 글에서는 상식적인 의미의 만남과 관계라는 말을 계속 사용하면서 내가 이해한 바를 구체화해 갈 것이다.

원리상 '너'는 없고 존재하는 것이 오로지 '나'뿐이라면, 그리고 그 '나'가 '너'를 포함하고 있는 것이라면, '나'가 '너'를 만나는 길은 대상인 너를 향하여 다가가는 것이 아니라 '나' 스스로에게서 찾아야 한다. 물론 이때의 '나'는 가짜 나, 다시 말해 세상의 모든 너(대상)와 분리되어 생각으로 똘똘 뭉친 주체로서의 '나'가 아니라, 체험 안에서 몸과 마음을 비롯해 삼라만상의 모든 너(대상)를 품고 있는 '큰 나'를 말한다. '큰 나' 안에서 너는 나의 투영이며, 나의 표현이며, 나의 가능성이며, 나가 실현된 또 다른 모습이다. 따라서 '큰 나' 안에서 나와 너의 만남은 나가 나를 만나는 것과 다르지 않다. 너를 만나는 나는 바로 나를 만나는 것이다. 나-너의 만남은 곧 나-나의 만남이다.

정확한 비유일지 모르지만 '큰 나' 안에서 나-너의 관계를 생명과 몸의 관계를 빌려 조금 더 설명해 보자. 나의 몸에는 하나의 생명이 흐른다. 이 생명은 내 몸 전체와 몸을 구성하는 지체들을 통해 자신을 실현하고 또 표현한다. 내 몸의 지체들은 하나하나 생김새도 다르고 역할도 다르고 행동 방식도 다르다. 그럼에도 이들은 생명 안에서 온전한 하나다. 어느 한 지체의 불편함은 곧바로 생명의 흐름을 통해 온몸으로 전달되고, 그 불편함을 해소하기 위하여 모든 지체는 일사불란하게 움직인다. 얼핏 보면 몸의 지체가 각기 분리되어 있는 듯하지만 이들은 하나의 생명에 의해 통솔되는 한 몸이다. 이 비유에서 생명은 '큰 나'로, 몸의 지체들은 '나'와 '너'로 이해할 수 있다. '나'와 '나'가 만나는 수많은 '너'들은 결국 모두를 하나로 아우르고 있는 생명, 즉 '큰 나'의 지체들에 해당한다는 말이다. 이 비유는 성경에서 사도 바울도 언급한 바 있다.

몸은 하나인데 많은 지체가 있고 몸의 지체가 많으나 한 몸임과 같이 그리스도도 그러하니라…… 몸은 한 지체뿐 아니요 여럿이니 만일 발이 이르되 나는 손이 아니니 몸에 붙지 아니하였다 할지라도 이로 인하여 몸에 붙지 아니한 것이 아니요 또 귀가 이르되 나는 눈이 아니니 몸에 붙지 아니하였다 할지라도 나로 인하여 몸에 붙지 아니한 것이 아니니 만일 온몸이 눈이면 듣는 곳은 어디며 온몸이 듣는 곳이면 냄새 맡는 곳은 어디뇨. 이제 지체는 많으나 몸은 하나라. 눈이 손더러 내가 너를 쓸데없다 하거나 또한 머리가 발더러 내가 너를 쓸데없다 하거나 하지 못하리라…… 너희는 그리스도의 몸이요 지체의 각 부분이라(고린도 전서 12장 12절~31절).

나와 너가 '큰 나'에 속한 지체들이라고 하면 나와 너의 만남은 동체적(同體的) 만남, 나와 너의 관계는 동체적(同體的) 관계라고 표현할 수 있다. 같은 몸, 같은 생명체에 속해 있기 때문이다. 그렇다면 동체적 만남은 어떤 방식으로 이루어질까? 동체적 만남의 기초는 '나'가 '나'를 대하듯 '너'를 대하는 데에 있다. 실제 몸은 나와 따로 떨어져 있지만 본질상 너는 나의 다른 표현에 불과하기 때문에 너의 행동은 너의 행동이면서 동시에 나의 행동이기도 하다. 다시 말해 너의 몸을 통해 표현된 행동은 달리 보면 나의 어떠함이 투영되고 실현된 행동이라는 말이다. 따라서 나의 행동을 받아들이듯 너의 행동 역시 나의 것으로 받아들이는 만남, 이것이 동체적 만남이다.

글을 써 놓고 보니 좀 어렵다. 예를 들어 가며 조금 쉽게 풀어보자. 먼저 다른 사람(너)이 하는 행동에 대해 '나'가 참여해 들어가는 동체적 만남부터 살펴보자.

● 상황 최근 남극 여행을 하는 도중에 동료 한 사람이 심하게 화를 내고 불평을 한 적이 있다. 남극으로 가야 할 배가 예정 시간에 출항하지 못하고 하루를 항구에 정박하게 되었기 때문이다. 도착해야 할 닻이 오지 않아서다. 이 사태를 맞이하여 극도로 흥분한 동료는 참고 참다가 결국 선박 관리자를 불러 강력하게 항의를 했다.

● 동체적 만남 이를 두고 심하다고 흉을 보는 사람들이 있었지만 동체적 입장에서 보면 충분히 이해가 된다. 실제 나선 것은 내가 아니지만, 그 동료는 내가 하고 싶은 모든 불평과 항의를 제대로 표현해 주었다. 실제 몸으로 나서서 행동한 것은 그 동료이지만 그 행동은 내가 한 것이나 마찬가지다.

● 상황 어머니가 많이 아프시다. 팔십 평생 살아오면서 이렇게 아파 본 적이 없다고 한다.

● 동체적 만남 이를 옆에서 지켜보면서 나도 어머니와 같은 아픔을 느낀다. 실제 몸으로 아픔을 느끼는 사람은 어머니이지만, 옆에 있는 나 역시 고통을 함께하며 그 아픔에 동참한다. 어머니의 아픔이 바로 나의 아픔이다.

● 상황 술자리에서 총장이 조언을 구하기에 내가 생각하는 바람직한 방안을 쏟아냈다. 처음에는 귀를 기울여 듣더니 어느새 총장의 얼굴이 붉어지고 급기야 화를 낸다. 자기는 잘하느라고 하는데 칭찬은 않고 야단만 치냐는 것이다.

● 동체적 만남 하긴 그렇기도 하겠다. 친구에게 인정받고 싶은 마음

이 가득한데 거기다 대고 조언이랍시고 비난을 하니 편할 리가 없다. 친구인 나에게 드는 섭섭한 마음을 실제로 표현한 것은 총장이지만, 나 역시 총장의 섭섭한 그 마음이 이해가 된다. 내가 총장을 한다면 나도 그렇게 했을 것이다. 총장의 섭섭함이 그대로 나에게 전해진다.

이번에는 내가 다른 사람(너)에게 갖는 생각이나 감정에 대한 동체적인 만남을 살펴보자.

- 상황　어머니를 모시고 응급실에 갔는데 레지던트 수련 중이라고 여겨지는 젊은 의사가 상당히 건방지게 행동한다. 일방적으로 자기 이야기만 쏟아 놓더니 휙 돌아서 가는 그 모습에 '뭐 저런 건방진 게 있나.' 하는 생각에 화가 났다.
- 동체적 만남　그 젊은 의사의 건방진 행동은 나의 행동을 투영한 것이다. 나의 행동 어딘가에 사람들로 하여금 나를 건방지고 오만하게 느끼게 하는 부분이 있음에 틀림없다. 젊은 의사는 나에게 그런 메시지를 전해 주기 위해 배달부(메신저) 역할을 했을 따름이다. 나의 건방짐과 오만함에 대해 성찰해 봐야겠다.

- 상황　동료 교수가 대학원생들을 지도하는 걸 보면서 답답함이 느껴진다. 대학원생이 논문을 쓰면서 잘 풀리지 않는 부분이 있으면 교수에게 도움을 구하는데 그 답이 너무 느려서 학생들이 힘들어한다는 소문이 내 귀에 들어온다. 대놓고 말하기도 그렇고 그저 답

답한 심정으로 바라볼 뿐이다.

● 동체적 만남 동료 교수의 답답한 행동은 나의 행동을 투영한 것
이다. 나의 행동 어딘가에 사람들을 답답하게 하고 뭔가 막혀 있다
는 느낌을 주는 부분이 있을 것이다. 동료 교수는 나에게 그런 메
시지를 전달해 주기 위해 메신저 역할을 했을 따름이다. 사람들을
답답하게 하는 나의 행동이 무엇인지 찾아봐야겠다.

● 상황 파타고니아 트레킹 길에서 그레이(grey) 빙하를 만났다. 호수
위로 높이 선 빙하들 사이에서 파란 빛깔이 튀어나오는데, 그 깔끔
하고 세련되고 청아하게 빛나는 아름다움에 넋이 나간다. 자연의
아름다움에 전율을 느낀다.

● 동체적 만남 내가 느끼는 빙하의 아름다움은 동시에 나의 아름다움
이기도 하다. 나에게는 그동안 미처 몰랐던 엄청난 아름다움이 숨어
있다. 빙하의 파란색은 숨겨진 아름다움을 나에게 알려 주는 메신저
역할을 한 것이다. 자연의 아름다움은 나의 아름다움이 다른 방식으
로 표출된 것이기도 하다. 자연을 더듬으며 내가 간직한 아름다움을
더 챙겨봐야겠다.

동체적 만남을 알고부터 아내를 바라보는 나의 시선에 또 한 번
의 변화가 일어난다. 아내는 나와 다른 인격이 아니라 내 인격의
다른 표현이라는 인식이 생긴 것이다. 그러니까 아내의 생각, 감
정, 의지, 행동은 아내 것이기도 하지만 동시에 나의 것이기도 하
다. 아내의 기쁨은 나의 기쁨이요, 아내의 분노는 나의 분노이기도

하다. 아내의 모든 행동은 나를 투영하는 행동이며 나의 또 다른 가능성을 실현하고 드러내는 행동이다. 그러니 아내를 탓하고 다툴 이유가 없다. 혹 아내를 탓하고 싶은 마음이 일어날 때면 나를 돌아보며 아내를 메신저로 삼아 나에게 전달된 메시지가 무엇인지 세심하게 살피고 해결하면 된다. 이제 아내에게 간섭하고 참견하는 일, 아내를 별도의 인격이라 여기고 존중하는 일, 그리고 특별한 가치를 두고 아내의 삶에 동참하는 일이 모두 부질없다고 여겨질 따름이다. 아내를 나의 분신으로 받아들이고 내가 나에게 하는 것처럼 아내를 자연스럽게 대하는 일 그것으로 충분하다.

　동체적 만남은 다른 만남과 본질적인 차이가 있다. 다른 만남은 모두 나와 너를 둘로 가르는 이분법에 근거를 두고 있다. 도구적인 만남은 물론이요, 인격적으로 존중하는 만남에서도 너는 나와 분리된 존재다. 분리된 존재로서의 나가 대상으로서의 너를 이용하고 존중하고 동참하는 것이다. 둘이 만나 화학적 변화를 통해 새롭게 성장해 가는 만남에서조차 나와 너는 본질상 서로 다른 존재임이 전제된다. 이에 비해 동체적 만남은 처음부터 하나에서 출발함으로써 이분법을 넘어서 있다. 나와 너가 아니라 우리('큰 나')라는 동체가 전제되고 그 안에서 만남과 관계가 이루어지기 때문이다. 동체적 만남이 필연적으로 조화와 화해로 귀결될 수밖에 없는 결정적인 이유도 여기에 있다.

　지금까지 나는 세 가지 만남과 관계를 집중적으로 설명했는데, 내용으로는 네 가지를 다룬 셈이다. 각각의 만남과 관계에 이름을 붙이고 이들의 특성을 그림으로 표현해 보자.

첫째, 도구적 만남(관계): 나의 필요와 욕구에 따라 너를 이용하는 차원의 만남.

둘째, 인격적 만남(관계): 진짜로 나와 다른 특성을 가진 수수께끼와 같은 너를 있는 그대로 껴안는 차원의 만남.

셋째, 생성적 만남(관계): 나와 너가 만나서 우리를 구성하면서 새로운 나와 너를 생성하는 차원의 만남.

넷째, 동체적 만남(관계): 우리(큰 나)라는 동체 속에서 통일된 하나를 누리는 차원의 만남.

마지막으로, 시와 노래 가사에서 앞의 네 가지 만남을 적절하게 표현했다고 여겨지는 예를 들어 보자.

걸스데이의 「기대해」

오
하루에도 열 번씩 니 전화번호를 지워 보고
너를 또 지워 보고 생각에서 지워 보고
너의 번호 뒷자리에 내 가슴은 내려앉아
그렇게 통화하고 다시 또 미소짓고

나는 네가 불안해 그게 불만인데도
자존심 탓 때문에 말도 못해 이렇게
내가 아님 안 되는 남잔 나도 많은데
네가 숨기고 쓰는 문자가 더 신경 쓰여
문자가 신경 쓰여 문자가 신경 쓰여

널 내게 널 내게 다가오게 만들래
너 땜에 너 땜에 미쳐가
너 땜에 너 땜에 미쳐가

내 앞에서 그 여자랑 다정하게 얘기하고
토라진 나를 보고 별일 없이 미소짓고
이런 기분 너무 싫어
난 또다시 너를 잊으려
잊으려 애를 쓰고 그렇게 아파하고

너란 남잔 왜 그래
너 때문에 난 미쳐
나 하나면 안 되니 내 가슴은 찢어져
나만 보는 남자도 많고 많고 많은데
네 전화만 기다리는 바보 같은 나는 뭐니
바보 같은 나는 뭐니
바보 같은 나는 뭐니

널 내게 널 내게 다가오게 만들래
너 땜에 미쳐가
너 땜에 미쳐가

〈중략〉

김소월의 「진달래꽃」

나 보기가 역겨워

가실 때에는

말없이 고이 보내 드리오리다.

영변에 약산

진달래꽃.

아름 따다 가실 길에 뿌리오리다.

가시는 걸음걸음

놓인 그 꽃을

사뿐히 즈려밟고 가시옵소서.

나 보기가 역겨워

가실 때에는

죽어도 아니 눈물 흘리오리다.

김춘수의 「꽃」

내가 그의 이름을 불러 주기 전에는
그는 다만 하나의 몸짓에 지나지 않았다.

내가 그의 이름을 불러 주었을 때,
그는 나에게로 와서
꽃이 되었다.
내가 그의 이름을 불러 준 것처럼
나의 이 빛깔과 향기에 알맞은
누가 나의 이름을 불러 다오.
그에게로 가서 나도
그의 꽃이 되고 싶다.

우리는 모두
무엇이 되고 싶다.
너는 나에게 나는 너에게
잊혀지지 않는 하나의 눈짓이 되고 싶다.

송창식의 「우리는」

우리는 빛이 없는 어둠 속에서도 찾을 수 있는 우리는
아주 작은 몸짓 하나로도 느낄 수 있는 우리는
우리는 소리 없는 침묵으로도 말할 수 있는 우리는
마주치는 눈빛 하나로 모두 알 수 있는 우리는
우리는 연인
기나긴 하 세월을 기다리어 우리는 만났다
천둥치는 운명처럼 우리는 만났다
오~바로 이 순간 우리는 하나다
이렇게 이렇게 이렇게 우리는 연인

우리는 바람 부는 벌판에서도 외롭지 않은 우리는
마주잡은 손끝 하나로 너무 충분한 우리는
우리는 기나긴 겨울밤에도 춥지 않은 우리는
타오르는 가슴 하나로 너무 충분한 우리는
우리는 연인
수없이 많은 날들을 우리는 함께 지냈다
생명처럼 소중한 빛을 함께 지녔다
오~ 바로 이 순간 우리는 하나다
이렇게 이렇게 이렇게~.

06
현전재와 동체적 이해

나는 세상을 어떻게 이해할까?

사람들의 마음을 어떻게 하면 좀 더 잘 이해할 수 있을까?

현전재는 나의 이해하는 역량에 어떻게 작용할까?

사람이 세상을 이해하는 폭과 깊이는 그 사람의 됨됨이를 결정한다. 이해가 넓고 깊다는 말은 세상을 바라보는 안목이 트였다는 말이며, 그만큼 세상을 살아가는 지혜가 풍부함을 뜻한다. 모르던 것을 알게 될 때, 궁금하던 의문이 풀릴 때, '아해!' 하며 우리 눈은 밝아지고 마음은 커진다. 고등학교에 다닐 때 수학에 푹 빠진 적이 있었다. 수학 문제집에 난이도가 높은 등급으로 분류된 문제들을 풀어내고 정답을 확인할 때 얼마나 가슴이 뿌듯하고 스스로 대견했던지! 그 흥겨움과 자랑스러움은 지금도 생생하다. 앞으로 무슨 직업을 갖든지 취미로 평생 수학 문제를 풀면서 살겠노라고 다짐하기까지 했으니 말이다.

사람을 이해하는 네 가지 방식

세상사가 모두 수학 문제처럼 똑 떨어지는 답이 있다면 얼마나 좋을까. 조금 어렵긴 해도 노력하면 결국 답을 찾을 테니 말이다. 그런데 그런 것 같지가 않다. 특히 사람의 마음은 참 이해하기 어렵다. 초등학교 1학년 때 같이 앉았던 짝꿍은 내가 싫으니까 가까이 오지 말라며 책·걸상에 금을 그어놓더니 내가 다른 여자아이들과 친하게 지내는 걸 보면 무지하게 신경질을 냈다. 3학년 때

선생님 요청으로 방과 후 교실에 남아 시험지 채점을 같이 하던 영란이는 그렇게 친했는데도 4학년에 올라가니 말 한마디 없이 서울로 떠나버리고, 첫사랑 여인은 도무지 이해할 수 없는 이유를 대며 안녕을 고했다. 나는 남자고 그들은 여자라서 그런가? 아니다. 남자도 마찬가지다. 내가 귀엽다고 수학여행을 가서 한 방에서 나를 재우던 담임선생님은 어느 날 나에게 입에 담기도 힘든 거친 폭력을 행사하고, 실력이 없는 영어 선생님 퇴출에 앞장서며 무슨 일이 있어도 함께하자고 굳은 맹세를 하던 고등공민학교 때 친구는 사태가 악화되자 뒤로 빠져 버리고, 평생 존경할 거라며 따르던 제자 녀석 하나는 이젠 소식도 모른다. 모두가 사정이 있었겠지만 나로서는 잘 안다고 생각했다가 뒤통수를 맞은 것 같아 씁쓸했던 적이 한두 번이 아니다.

알다가도 모를 것이 사람의 마음이라고 했지만, 따지고 보면 그들의 문제가 아니라 나의 문제다. 내가 사람의 마음을 이해하는 좀 더 정교하고 세련된 틀을 가지고 있었다면 예상 못했던 그들의 행동을 좀 더 잘 헤아리고 이해할 수 있었을 것이기 때문이다. 그러니까 이해의 부족은 네 탓이 아니라 내 탓이라고 보는 편이 정확하다. 아마 지금처럼 이해하는 방식을 다양하게 갖추고 있었다면, 나에게 이중 행동을 하던 1학년 때 짝꿍과 훨씬 더 좋은 관계를 맺을 수 있었을 것이며, 소식을 끊은 제자의 마음을 따뜻하게 품을 수 있었을 것이다.

사물의 본질과 내용 따위를 분별하거나 해석하는 행위를 이해라고 하는데, 내가 사람들을 이해하는 방식은 크게 네 가지로 나뉘볼 수 있을 듯하다.

　첫째, 합리적 이해(合理的 理解)다. 합리적 이해는 합리성을 중심으로 전개된다. 합리성은 이치에 맞게 사리를 따지는 특성을 말하는데 좀 더 구체적으로 자기중심성 벗어나기, 논리적으로 사고하기, 추상적인 개념으로 추론하기 등을 포함한다. 합리성은 매우 형식적인 특성을 갖추고 있다. 그러니까 생각하는 방식과 틀이 뚜렷하게 정해져 있다는 말이다. 대표적인 예가 삼단논법과 가설연역적 사고다. 대전제와 소전제 두 개의 전제와 하나의 결론으로 이루어진 연역적 추리법이 삼단논법이고, 관찰을 통해 가설을 세우고, 이 가설을 구체적인 자료를 가지고 귀납적으로 검증하는 사고가 가설연역적 사고인데, 이들은 모두 엄격한 형식적 절차에 따라 사고를 진행한다는 특성을 갖추고 있다. 그래서 논리 전개가 깔끔하고 정확할 뿐 아니라 신뢰할 수 있다는 장점이 있다.

　사람을 이해하는 데 합리적으로 이해하는 능력은 반드시 필요하다. 사람의 행동이나 마음의 움직임이 대체로 합리성에 기초를 두고 있기 때문이다. 우리가 살아가는 사회는 우리의 일상 행동뿐 아니라 마음의 움직임까지 일정한 틀에 따르도록 강요하는 규칙을 가지고 있다. 혼자가 아니라 여럿이 더불어 살아가야 하는 '사회'에서 갈등과 충돌을 최소화하려면 사회 구성원 모두가 동의하고 함께 지켜가는 규칙의 존재가 필수적이다. 문화적 특수성에 따라 차이는 있지만, 이 규칙들의 대부분은 합리성에 기초하고 있다. 수천 년의 역사 속에서 수많은 갈등과 다툼과 고민을 거치면서 인류가 발견한 최고의 지적 자산이 바로 합리성이기 때문이다. 따라서 사회의 안녕이나 개인의 정신건강을 위해서 합리적으로 생각하고 합리적으로 이해하는 능력은 매우 중요하다. 현대 문명을 이끌어 가는 '과학적'이라는 말도 따지고 보면 '합리적'이라는 말의 다른 표현이다.

어머니가 온몸의 통증을 호소하셔서 대학병원에 갔다. 의사들은 어머니에게 어디가 어떻게 언제부터 아픈지 꼼꼼하게 묻고, 아픈 이유를 찾기 위해서 온갖 검사를 한다. 몸에 아픈 곳이 있으면 반드시 원인이 있기 마련이고 그 원인을 찾으려면 여러 가지 객관적인 검사를 통해 아픔을 일으키는 근원을 찾아야 한다. 그래야 그에 맞는 치료를 할 수 있고 통증을 해소하게 될 것이다. 의사, 환자, 보호자인 내가 이 절차와 과정에 모두 동의한다. 그리하여 여러 병원을 전전하기는 했지만, 결국 병인을 알아내어 통증 치료에 들어갔다. 이런 경우 아픔을 호소하는 어머니의 행동과 이를 치료하려는 의사들의 행동을 이해하는 일은 매우 쉽다. 모두가 수긍하는 합리적인 단계나 절차를 따르기 때문이다.

병원에서 의사가 환자를 대하는 과정을 예로 들었지만, 일상에서 합리적인 이해는 거의 반사적으로 일어난다. 차를 타고 가다가 이상한 소리가 들릴 때, 마음이 불안할 때, 아내가 화를 낼 때, 제자들이 내 뜻대로 움직이지 않을 때, 나는 즉각 그 원인을 찾아 나름 합리적인 방법으로 해결하려 든다. 의식이 깨어 있는 하루 생활이 대부분 이런 식으로 이어진다. 하지만 이런 방법으로 모든 사태가 제대로 이해되고 바람직한 결말에 도달한다면 얼마나 좋을까. 합리적 이해는 분명 좋은 방법이다. 하지만 합리적 이해가 가진 한계로 인해 오히려 문제가 발생할 수도 있고, 합리적 이해로는 도저히 접근이 불가능한 인간사가 참으로 많다는 점도 인정해야 한다.

합리적 이해가 가진 결정적 결점의 하나는 다른 해석의 가능성에 문을 닫아 버리는 편협함이다. 합리성은 이치에 맞는 것을 따진다는 뜻인데, 그 이치라는 것이 보는 시각과 관점에 따라 전혀 달라질 수 있는 도구적 성격을 띠고 있다. 그런데 자기가 취한 시각만이 옳다는 생각에 사로잡혀 있으면 다르게 보고 해석할 가능성이 차단되고 만다. 동일한 자료를 놓고도 전혀 다르게 해석하는 과학자들, 동일한 사회적 이슈에 대해 정반대의 주장을 내놓는 정치가들이 얼마나 많은가! 친일파들이 아직도 권력의 중심 세력에 남아 '객관성'이라는 미명 아래 역사적 사료조차 왜곡하는 작금의 세태는 얼마나 나를 화나게 만드는지…….

멀리 갈 것도 없다. 아픈 어머니를 병원에 모시고 간 나는 의사들의 태도에서 합리성의 한계를 또 한 번 확인했다. 대학병원에 입원한 어머니에게 MRI를 포함하여 온갖 검사를 해대던 의사들이 결국 아무것도 찾아내지 못하더니 다시 검사를 더 해야겠단다. 바이러스 감염으로 인한 통증이라고 예상했던 자신들의 추측이 틀린 것 같다면서. 대학병원에 신뢰를 잃어버린 나는 어머니를 모시고 다른 종합병원을 찾았고, 거기서 병인을 알아내고 정상적인 치료를 제공받을 수 있었다. 대학병원 의사들은 자신이 처음 주목한 몇몇 증상을 바탕으로 바이러스 감염이라고 나름 '합리적' 판단을 한 다음부터 다른 가능성은 제외하고 줄곧 처음 그 판단과 이해의 수준에 머물러 있었던 것이다.

합리적 이해가 좋은 방법이기는 하지만 전능하지는 않다. 따라서 정말 합리적 이해를 잘하려면 현재 자신이 기대고 있는 합리성이 합리적이 아닐 수 있다는 가능성에 문을 열어 놓아야 한다. 그리하여 다른 합리성이 들어올 수 있는 여지를 항상 남겨 두어야 한다. 앞으로 내 입에서 "도대체 그 사람 왜 그러지? 도대체 이해할 수가 없네."라는 말이 나오는 대신 그 사람을 이해할 수 있는 또 다른 노선의 합리성을 찾도록 해야겠다.

둘째, 체험적 이해(體驗的 理解)다. 체험적 이해는 경험과 체험을 중심으로 전개된다. 경험은 어떤 일을 겪은 결과로 얻게 된 지식, 기능, 내용을 뜻하고, 체험은 어떤 일을 겪을 때 아직 무엇이라고 분류하거나 정의하기 전에 그 일을 겪는 순간순간 접하는 생생한 원자료로서의 내용을 뜻한다(박성희, 2012). 여기서는 경험과 체험을 통틀어 체험이라는 표현을 쓰도록 한다.

체험적 이해는 주로 감각과 느낌을 이해할 때 활용된다. 맛을 알려면 먹어 봐야 하고, 사랑을 이해하려면 사랑에 빠져 봐야 한다. 이렇게 감각과 느낌은 체험을 통해 정체를 드러내고 구체화된다. 그렇기 때문에 다른 사람의 감각과 느낌을 이해하려면 같은 체험 속으로 들어가야 한다. 사과를 먹어 봐야 사과 맛에 대한 이야기가 구체적으로 이해되고, 사랑을 해 봐야 사랑에 대한 넋

두리가 현실적으로 다가온다. 몇 년 전 산악자전거를 같이 타던 한 동료가 사고로 다 큰 아들을 잃었다. 얼마나 마음이 아팠을까? 시간이 조금 지나 함께 노래방에 갈 기회가 있었는데, 동료는 〈tears in heaven〉이라는 팝송을 절절하게 부른 적이 있다. 천국에 간 사람을 그리는 내용의 노래를 들으면서 동료의 아픔을 느낄 수 있었지만, 과연 내가 그의 아픔을 얼마나 깊이 이해할 수 있었을까? 아마 내가 이해하는 깊이와 그가 체험하는 아픔의 깊이는 엄청난 차이가 있을 것이다. 그 상황에서 내가 그에게 "당신의 아픔을 이해한다."고 말했다면 그는 코웃음을 쳤을 것이다. 마찬가지로 여자의 임신과 출산 체험을 남자는 이해할 수 있을까? 머릿속으로 상상할 수는 있겠지만 감히 이해한다는 말을 꺼내기 어려울 것이다. 이렇게 체험을 통해서 획득된 지식은 동일한 체험을 하지 않고서는 좀처럼 이해하기 어렵다.

병원에 입원하신 어머니가 담당 의사에게 진료받는 것을 옆에서 지켜보았다. 며칠을 계속해서 온몸의 통증에 시달리던 어머니는 담당 의사가 자신의 처절한 아픔을 이해하기 바라며 말 한마디 한마디에 힘을 주신다. 그런데 이에 응하는 의사의 태도가 상당히 사무적이다. 아픔을 호소하는 환자들을 대하는 게 직업이어서 그런지 아니면 의사 스스로 그 같은 고통 체험이 없어서 그런지, 담당 의사는 어머님의 호소에 아랑곳하지 않고 아픈 부위를 확인하고 병의 진행 과정에 초점을 맞춘 질문을 한다. 어머니가 체험하는 아픔을 담당 의사가 제대로 알고나 있는지 잠시 혼란스러웠다. 의사가 환자를 진료하는 과정에 아픔에 대한 의학적이면서 객관적인 이해와 더불어 다소나마 체험적인 이해가 필요하다는 생각이 스쳐갔다. 만일 의사가 어머니와 유사한 고통을 체험한 적이 있다면, 어머니를 대하는 태도가 조금은 달랐을 것이다.

같은 체험을 한 사람들끼리는 이해와 소통이 매우 빠르다. 특히 체험 내용이 희귀하고 독특한 것일수록 동질감을 느끼고 친해지는 속도가 빠르다. 제주도보다는 유럽 여행을 다녀온 사람들이, 수영보다 스킨스쿠버 체험을 해 본 사람들이 더 빨리 친해지고 서로 잘 이해한다. 남극에 다녀온 사람들은 남극에 대해 그들끼리만 통하고 이해할 수 있는 대화를 한다. 그렇다고 만나는 사람들을 잘 이해하기 위해 세상의 모든 체험을 다 할 수는 없는 노릇이다. 다만, 기회가 닿는 대로 최선을 다해 다양한 체험을 하고 직접 체험이 어려우면 간접 체험이라도 많이 해 두면 좋을 것이다.

여기서 한 가지 주의할 것이 있다. 나와 같은 체험을 했다고 해서 그 사람의 체험 내용이 나와 같을 것이라는 보장이 없다는 사실이다. 아기를 낳은 엄마들이 임신과 출산 과정에서 모두 똑같은 체험을 하는 것은 아니다. 아기를 낳은 직후 일생에 몇 되지 않는 절정 경험을 했노라고 말하는 산모가 있는가 하면, 아들을 기대하는 집에서 딸을 낳은 탓에 죄의식을 경험했노라고 말하는 산모도 있다. 어떤 사람에게 군대는 지옥인 반면, 어떤 사람에게 군대는 성인식을 치러 준 고마운 곳이다. 군대를 다녀왔으므로 군대에 다녀오지 않은 사람과 구별되는 체험을 한 것은 사실이지만, 그 사람들 사이에서도 체험 내용이 현격히 다를 수 있다는 말이다. 따라서 같은 체험을 했다고 해서 다른 사람도 나와 같은 생각과 느낌을 가지고 있을 거라고 가정해서는 곤란하다. 정말 체험 내용이 같은지 다른지는 대화를 통해서 확인해 봐야 안다. 아무런 확인 과정을 거치지 않은 채 같은 체험을 했다는 것만으로 상대방을 이해했다고 간주하고 행동하면 오히려 크게 오해가 쌓일 수도 있다.

셋째, 공감적 이해(共感的 理解)다. 공감적 이해는 잠시 나를 내려놓고 상대방의 내면으로 뛰어들어가서 마치 내가 상대방이 된 것처럼 그의 체험과 생각을 이해하는 방법이다. 쉽게 말해 상대방의 눈으로 보고, 상대방의 귀로 듣고, 상대방의 코로 냄새 맡고, 상대방의 입으로 맛보고, 상대방의 피부로 느끼고, 상대방의 생각으로 생각하고, 상대방의 느낌으로 느끼는 것이다. 한자어로 입장 바꿔 생각한다는 '역지사지(易地思之)'가 얼른 떠오르지만, 생각 思자가 인지 기능을 너무 강조하는 바람에 느낌에도 관여하는 공감적 이해를 표현하는 데 다소 문제가 있다. 이해는 이해인데 감정이 들어가 있는 이해, 그러니까 감정이입적 이해가 공감적 이해다.

나와 다른 사람은 분리된 존재인데 공감적으로 이해하는 일이 어떻게 가능할까? 학자들은 우리가 비록 신체적으로 서로 떨어져 있는 개별자이지만 상호 소통할 수 있는 상호주관성(intersubjectivity)을 간직하고 있어서 공감적 이해가 가능하다고 한다. 모두가 주관적인 세계에 살고 있지만 각자의 주관 세계에는 공통분모가 있어서 이를 바탕으로 서로 이해하고 소통할 수 있다는 것이다. 최근

뇌신경생리학자는 사람의 뇌에 공감적으로 반응할 수 있는 신경세포와 신경체계가 들어 있다는 것을 발견하고 이를 거울뉴런과 거울뉴런체계라고 이름을 붙인 바 있다. 다른 사람과 같은 느낌, 같은 생각, 같은 체험을 할 수 있는 공감적 이해에 생리적 근거가 명백하게 존재한다는 말이다.

사실 공감적 이해가 없다면 사람들끼리 의미 있는 소통을 하기가 무척 어려울 것이다. 앞에서 체험적 이해를 말했는데 만일 내가 체험하지 못한 것은 도무지 이해할 수 없다면, 내가 사람들과 소통하고 교류할 수 있는 범위는 현저하게 줄어들 수밖에 없다. 서로 이해를 할 때 동일한 체험이 도움이 되기는 하지만, 체험이 없다고 상대방의 말을 이해할 수 없는 것은 아니다. 비록 임신과 출산에 대한 체험은 없지만, 남편은 얼마든지 임신과 출산에 대해 아내와 대화를 나누며 공감할 수 있다. 이를 가능케 하는 것이 공감적 이해다.

로저스(Carl Rogers)의 공감적 이해를 알게 된 후 나는 상담을 할 때 의식적으로 이를 활용하려고 했고, 그에 대한 전문 서적을 써낸 적도 있다. 이렇게 하면서 공감적 이해에 대한 나의 이해도 깊어졌고 사람들을 이해하는 깊이도 많이 달라졌다. 그런데 공감적 이해를 하려고 노력할수록 상담을 할 때 나의 말수가 적어졌다. 공감적 이해를 하려면 우선 상대방의 말을 잘 들어야 한다. 단순히 말로 전해지는 메시지뿐 아니라 그 메시지의 바탕이 되는 상대방의 마음을 들어야 하기 때문에 나의 온 관심과 신경을 집중하여 상대방의 말을 경청해야 한다. 공감적 이해의 바탕이 되는 제3의 귀로 듣는 경청, 즉 말의 내용이 아니라 상대방의 마음에 귀를 대고 듣는 경청을 하려면 '조용'해질 수밖에 없다. 그렇게 조용하게 듣다보면 상대방의 마음에 있는 것이 이해되고, 상대방의 필요와 욕구를 알게 되고, 자연스럽게 내가 해 줄 말이 떠오른다. 이 흐름에 따라 내가 하는 말은 상당히 힘이 있어서 상대방에게 바람직한 영향을 주는 것이 분명하게 느껴졌다.

그렇다고 해서 매번 내가 하는 모든 대화가 이렇게 깊이 있는 것은 아니다. 대개는 상대방이 진지하게 자기 세계에 몰입하여 무언가를 열심히 탐색해 들어갈 때 이런 대화가 일어난다. 하지만 듣기를 중시하는 나의 태도는 어느덧 나의 몸에 배어들어서 일상적인 만남에서도 나는 주로 듣는 편이다. 내가 자주 나가는 산악회에서 버스로 산행지를 오가는 몇 시간 동안 내 옆자리에 앉아 신나게 자기 이야기를 펼쳐 놓고 나중에 쑥스러워하면서도 고마웠노라고 말하는 분이 많다. 들어주기만 했는데도 속을 시원하게 하는 뭔가가 있었던 것 같다. 그래서 그런지 버스 안 내 옆자리는 인기가 매우 높다. 적극적 경청과 공감적 이해는 사람들과 소통하게 하는 핵심 열쇠임이 분명하다.

온몸 통증을 호소하며 병원에 입원해 있는 어머니의 아픔을 나는 이해할 수 있을까? 어머님이 당하는 아픔을 체험해 본 적이 없는 나는 그 고통의 내용과 깊이를 알지 못한다. 그러나 고통을 표현하는 어머니의 말과 행동을 깊이 듣고 관찰하면서 고통을 바라보고 대하는 어머니의 '틀'을 이해하고 그 틀에 따라 마치 내가 어머니인 양 그 아픔의 체험 속으로 들어간다. 그리하여 어머니와 고통 체험을 주고받는 대화를 이어간다. 진짜 아픔을 체험하는 것은 아니지만 나는 어머니와 이런 대화를 통해서 간접적으로 어머니의 고통에 참여하고 어머니에게 자신의 아픔이 이해받고 있다는 느낌을 제공하려고 한다. 아프기는 하지만 적어도 그 아픔을 이해하는 사람이 곁에 있다는 느낌은 어머니 마음에 작은 안식이 될 수 있을 것이다. 공감적 이해가 주는 이득이다.

넷째, 동체적 이해(同體的 理解)다. 동체적 이해는 나와 너(상대방)가 하나요, 한 몸이라는 인식에서 비롯된 이해의 방식이다. 동체적 이해는 앞의 세 가지 이해 방식과 근본적인 차이가 있다. 앞의 세 가지 이해 방식은 나와 너를 구분하는 이분법적 원리에 뿌리를 두고 있다. 나와 너라는 분리된 두 사람이 있는데, 그중 한 사람(나)이 자기정체성을 침범당하지 않은 채 또 다른 사람(너)의 내부에서 일어나는 현상을 이해한다는 발상이다. 이는 철저히 주객이 분리된 이분법적 사고로서 홀로 선 '개인'을 이상시한 근대 패러다임의 연장선상에 있다. 로저스가 제시한 공감적 이해조차 이해의 주도권을 쥔 상담자가 이해의 대상인 청담자의 세계 속으로 뛰어드는 일임을 강조하고 있는데, 청담자가 이해의 대상이라는 생각, 그리고 상담자가 청담자에게 뛰어들어야 한다는 생각은 상담자와 청담자 사이에 상당한 간격과 분리를 인정하는 주장이다. 동체적 이해는 나와 너, 상담자와 청담자가 분리되어 있다는 사고 자체에 제동을 건다. 동체적 이해는 이 글에서 처음 쓰는 용어이므로 조금 길게 설명하며 이해해 보도록 하자.

동체적 이해를 제대로 이해하려면 현전재로 드러나는 '나'의 인식과 체험의 특성에 대한 설명이 필요한데, 앞에 '만남과 관계'에서 언급했던 논리를 다시 한 번 등장시켜 보자. '나'가 현실 세계(대상)를 알아가는 길은 항상 체험을 통해서다. 체험이 없다면 나는 도대체 대상을 알 길이 없다. 그런데 이 체험은 감각과 인식으로 구성된다. 마틴 부버는 이를 다음과 같이 설명한다.

> 내가 체험한 사물에 열의를 가지고 접근하여 인간을 대면하면, 내가 세계를 인식하는 것 이외에 어떻게 나의 세계에 현실성을 부여할 수 있겠는가? 현실 세계는 나타나고 인식되는 세계이며, 이 세계는 현실에 존재하는 사물 이외에 다른 어떤 것으로도, 또 현실에 존재하는 사물을 사랑하는 사람의 능동적인 감각 이외의 어디서도 인식될 수 없는 것이다(Buber, 1917, pp. 30-32., 이희권, 2000 재인용).

이처럼 현실 세계는 항상 '나'의 감각과 인식이라는 체험 속에서 알아차릴 수 있을 따름이다. 그렇다면 현실 세계의 대상을 이해하는 일은 나의 체험을 이해하는 일이라고 말할 수도 있다. 현실 세계가 '거기'에 객관적으로 있어도 내가 체험하지 않는 한 나에게는 존재하지 않는 것이나 마찬가지이기 때문이다. 따라서 나는 대상을 이해하며(체험하며) 나를 이해한다(체험한다). 그러므로 대상을 이해하는(체험하는) 일은 곧 나를 이해하는 일이요, 대상을 아는 일은 곧 나를 아는 일이기도 하다. 체험 안에서 대상과 나는 이렇게 붙어 있기 때문에 굳이 '나'와 대상이라는 분리된 용어를 사용하는 것 자체가 온당하지 않다. 이렇게 대상을 모두 끌어안고 있는 나, 시간과 공간 모든 곳에 가득 차 있는 나를 소위 '큰 나'라고 말할 수 있다. 이 같은 맥락에서 보면 존재하는 것은 오로지 '나'뿐이며 '너'는 없다. 아니 너는 나와 온전한 하나요, 나의 다른 표현일 따름이다. 따라서 나와 너 사이에는 이해라는 말도 따로 필요하지 않다. 이해는 두 개의 분리된 존재가 있음을 전제하고 있기 때문이다. 본질상 두 존재가 분리된 것이 아니라 하나라면, 그들에게는 이해가 아니라 막힘없는 소통이 더 중요하다. 동체적 이해에서는 하나 또는 한 몸에 속한 것을 함께 누리는 동체적 소통이 핵심 주제다.

동체적 소통

그렇다면 동체적 소통은 어떻게 가능할까? 그 비밀은 로저스가 말하는 현전재(presence)에 숨어 있다.

> 내가 나의 내적·통찰적 자아와 가장 가까이 있을 때, 내가 자신 속에 있는 알려지지 않은 부분과 접촉하고 있을 때, 아마도 내가 약간 다른 상태의 의식에 있을 때, 내가 하는 무엇이든지 치유적 힘이 충만한 것처럼 보입니다. 그리고 '나의 현전재 자체'가 다

른 사람들을 즐겁게 하고 도움이 됩니다. 이 체험을 강요하기 위하여 내가 할 수 있는 것은 아무것도 없습니다. 하지만 내가 이완되고 나 자신의 초월적 핵심에 가까이 있을 때, 나는 관계에서 내가 합리화하기 어려운 다소 이상하고 충동적인 방법으로 행동하기도 하는데, 이는 나의 의도적인 생각과 아무 관계가 없습니다. 그러나 이 이상한 행동은 조금 이상한 방법으로 결국 옳았다고 증명됩니다. 이는 마치 나의 내부 영혼이 뻗어 나와 다른 사람의 내부 영혼에 닿는 것처럼 보입니다. 우리의 관계는 '우리'를 초월해서 보다 큰 어떤 것의 일부가 되는 것 같습니다. 그 순간 아주 깊은 성장과 치유와 에너지가 함께 존재합니다(Rogers, 1980, p. 129).

나와 너는 현전재함으로써 우리를 초월해 있는 '큰 나'의 일부가 되고, 그 '큰 나'에서 비롯된 성장과 치유의 에너지를 함께 누릴 수 있다는 말이다. '큰 나' 속에서 너와 내가 서로 닿아 통하는 이것이 동체적 소통이며 동체적 이해다. 깊이 있는 관계에 머무는 상담자와 청담자들은 방금 말한 동체적 소통 또는 동체적 이해의 순간을 체험하곤 한다. 상담자와 청담자가 체험했다고 보고한 동체적 소통의 순간을 잠깐 살펴보자(Mearns, 1997).

청담자
- 상담자가 마치 정원에 나와 함께 있는 것처럼 느껴졌을 뿐 아니라, 상담자 역시 그것을 아는 것처럼 느껴졌어요.
- 상담자가 바로 내 안에 있는 것처럼 느껴졌어요. 내가 나 자신을 느끼는 그 순간 상담자 역시 나를 느끼는 것 같았어요.

- 상담자가 나의 두려운 감정을 느꼈음을 알았어요. 여기에서 그친 게 아니라 상담자가 내가 아는 것을 알고 있음을 알았어요. 이렇게 우리는 동시에 매우 다양한 차원에서 소통하고 있었어요.

- 처음 몇 분이 지난 후 나는 전혀 나 자신을 의식하지 못했어요. 나는 청담자 체험의 가장자리 바로 그 자리에 청담자와 함께 있었어요.
- 청담자와 함께할 때 내가 별로 말을 하지 않는다는 것을 깨달았어요. 내가 하는 어떤 현명한 말보다 내가 그와 함께 존재하는 것 자체가 훨씬 도움이 되었어요.
- 정말로 그것은 우연히 일어났어요……. 나는 매우 편안했고 나 자신에 대해서도 편안함을 느꼈어요……. 어느 순간 나의 전 존재로 청담자에게 반응하는 나를 발견했어요. 이것은 매우 특이한 방식이었지만, 그 과정은 매우 놀랍고 강력했어요.

상담의 예를 들었지만, 이렇게 동체적 이해나 동체적 소통은 '나'(상담자)가 '너'(청담자)를 이해하는 행위가 아니라 하나의 흐름 안에 함께 있을 때 우연히 또는 자연스럽게 체험하는 하나됨의 누림이요, 소통이다. 그러니까 '나'는 '너'에게 닿기 위하여 지금 나의 존재 그대로, 현전재로 머물러 있으면 된다. 그때 너와 나를 아우르는 '큰 나'가 우리를 서로 소통하고 이해하게 한다.

그렇다면 '현전재한다.' 또는 '현전재에 머물러 있다.'는 말은 구체적으로 어떻게 한다는 말인가? 로저스는 '내가 할 수 있는 것은 아무것도 없다.'고 잘라 말하며 현전재가 억지로 끌어내지는 것이 아님을 강조한다. 다만, '이완' 되어 있을 것, 자신의 '초월적 핵심'에 가까이 있을 것, 이상하더라도 안에서 일어나는 충동에 따를 것, 의도적 생각을 개입시키지 않을 것 등을 현전재 체험이 일어나는 상황 조건으로 들고 있다. 한마디로 자기 안에서 '고요히' 머물러 편히 쉬다가 충동이 일어나면 자연스럽게 그에 따라 행동하라는 말이다. 동체적 이해가 결코 행위의 문제가 아님을 강조한 것이다. 여기서 동체적 이해와 공감적 이해의 차이를 확인할 수 있다. 공감적 이해는 '너'와 하나가 되기 위하여 노력한다. 그리하여 '너'의 내면으로 뛰어들어가 깊이 듣고 세심하게 관찰한다. 조용히 경청하는 행동에도 뚜렷한 목적이 있다. 동체적 이해는 이런 종류의 노력과 목적이 없다. '너'와 함께 있기는 하지만 '너'를 이해하기 위해 특별히 하는 일이 없다. 다만, 자기 안에 흐르는 체험에 주의를 기울이며 거기 머물러 있을 따름이다. 그 흐름에 편안히 머물러 있을 때, 이해와 소통은 결과로 누리는 부산물에 불과하다. 공감적 이해에서 '나'는 잠시 내려놓아야 할 걸림돌이지만, 동체적 이해에서 '나'는 온 주의를 기울여야 할 울림판이다. 이해와 소통이 나의 '밖'이 아닌 '안'에서 이루어지기 때문이다. 동체적 이해에 대한 이 같은 설명은 어쩔 수 없이 영적인 냄새를 풍기지만, 현실에서 일어나는 현상일 뿐 아니라 상담자와 청담자를 포함하여 깊이 있는 관계를 체험한 많은 사람이 보고하는 내용이므로 억지로 거부할 이유가 없다. 오히려 이해와 소통의 새로운 지평을 여는 돌파구로서 적극 탐색해야 할 것이다.

공감적 이해와 동체적 이해의 차이를 표로 정리해 보자.

공감적 이해와 동체적 이해의 차이

구분	공감적 이해	동체적 이해
이해의 주제	나	우리
이해를 얻는 방식	추구	기다림
자기 틀에 대한 태도	내려놓기	집중하기
초점이 되는 심리 과정	밖(너)	안(나)
의지의 개입	적극적	초월적
지력의 활용	유위	무위자연
행동 방식	충동 억제(긴장)	충동 따르기(이완)
이해의 결과	하나됨의 성취	하나임의 확인

　어머니의 아픔을 이해하기 위하여 나는 한 편으로 공감적 이해를 하려고 노력하지만, 때로 나는 아무것도 하지 않은 채 아파하는 어머니와 그냥 거기 함께 있다. 그러면서 나의 내면에 흐르는 온갖 체험에 주의를 기울인다. 묘한 것은 그 상태에서 내가 편안함을 느낄 때 어머니의 아픔이 선뜻 내게 다가오고 나는 그냥 그 체험을 받아들인다. 체험적 이해나 공감적 이해로 쉽게 다가서지 못했던 어머니의 아픔이 마치 내 것인 양 내 안에서도 흘러간다. 그리고 큰 자비와 연민 속에서 아픔이 해체되는 것을 바라본다. 그때 마주친 어머니의 시선! 뭔가 크게 통한 것 같은 시선이 아픔을 넘어서게 하는 힘을 느끼게 한다.

07
현전재와 상담

어떤 상담이 좋은 상담일까?

현전재는 상담에 어떤 역할을 할까?

현전재를 충실히 구현하는 상담은 어떻게 이루어질 수 있을까?

어제 대학원 수업의 한 과정으로 상담 슈퍼비전을 했다. 대학원생들은 자신이 직접 상담한 사례를 동영상으로 찍어 발표를 하고, 나는 그들의 발표와 동영상을 보면서 코칭을 해 나갔다. 그런데 코칭을 해 나가면서 문득 내 코칭의 내용이 몇 년 전과 사뭇 달라졌다는 느낌이 들었다. 이전 같으면 잘했다고 칭찬했을 법한 상담에서 오히려 더 많은 문제를 찾아내고, 답답하다고 평가했을 법한 상담을 잘했다고 격려하는 것이 그렇다. 현전재성에 대해 눈을 떠서 그렇게 된 것 같다. 다음 두 상담을 비교해 보자.

상담 1 상담에 임하기 전 상담자는 꼼꼼하게 준비를 한다. 상담 시간에 어떤 주제를 다룰 것인지, 청담자에게서 어떤 정보를 얻을 것인지, 청담자의 문제를 어떻게 진단하고 해결책을 어떻게 제시할 것인지 사전 계획이 치밀하다. 준비를 잘한 덕분에 상담 역시 물 흐르듯 자연스럽게 잘 이어진다. 하나의 질문이 끝나면 다음 질문으로 이어지고, 청담자의 머뭇거림에 대해서 상담자는 능숙하게 대응한다. 적절한 시점에 미리 준비한 심리검사를 사용하기도 하고, 재빠르게 청담자를 개념화하여 그에 알맞은 상담 전략과 기법을 동원한다. 그리하여 상담자가 원하는 '바람직

한' 방향으로 청담자를 이끌어 가고, 청담자 역시 기분 좋게 상담
자의 리듬을 따라간다. 한마디로 군더더기 없이 깔끔하고 정제된
느낌을 주는 상담이다.

상담 2

상담에 대한 특별한 사전 계획이 없다. 상담은 만남에
서 비로소 시작되는 것이라는 듯 청담자에 대해 미리 알
려고 하지 않는다. 상담의 진행 과정은 답답한 편이다. 때
로는 청담자의 말이 길게 이어지고, 때로는 긴 침묵이 흐르고, 때
로는 맥락에 어울리지 않는 언행이 튀어나와 혼란스럽기까지 하
다. 상담자가 청담자에게 귀를 기울이고 열심히 듣고 있는 것은
확실한데, 그의 반응은 예측하기가 쉽지 않다. 그래서 상담자가
무슨 생각을 하고 있는지, 무슨 전략을 가지고 있는지 파악하기
가 힘들다. 상담자가 앞에서 끌어 주지를 않으니 어떻게 대처해
야 할지 처음에는 청담자도 난감한 것 같다. 그러다가 점차 청담
자가 말을 주도하기 시작하고, 상담의 흐름이 청담자 중심으로
펼쳐진다. 상담이 전개되는 방향에 대한 예측이 어렵고 쉽게 설
명할 수 없는 반응들이 튀어나와 거친 느낌을 주는 상담이다.

종전에 나는 〈상담 1〉을 잘하는 상담이라고 생각했다. 그래서
나도 그렇게 하려고 노력했고 제자들에게도 그렇게 가르쳤다. 모
름지기 상담전문가라면 자기가 하는 상담의 전모를 철저히 파악
하고 청담자를 이해하고 도움을 주기 위하여 어떤 전략과 기법을
사용할지 치밀한 계획을 세우고 실천해야 한다고 생각했다. 상담

이 진행되는 과정에 어떻게 해야 할지 모르는 순간이 닥치면 그 야말로 큰일이다. 그리하여 상담 회기 안에서 일어나는 모든 일을 내 손에 장악하고 나의 통제와 관리 아래 체계적인 상담을 진행하기 위해 최선을 다했다. 그런데 이렇게 하는 게 정말 좋은 상담일까?

좋은 상담의 기준

좋은 상담인지 아닌지를 판별하려면 먼저 '상담'이 무엇인지가 확실해야 한다. 만일 상담을 합리적인 절차를 동원하여 청담자의 문제를 신속하게 해결하는 것이라고 하면, 〈상담 1〉은 분명 좋은 상담이다. 반면 상담을 대화적 만남이요 소통의 과정이라고 하면 〈상담 2〉가 좋은 상담이다. 그렇다면 무엇이 진정한 '상담'일까?

나는 상담을 '생활 세계 곳곳에서 인격적 만남을 통해 사람들의 바람직한 변화를 돕는 과정'이라고 정의한 적이 있다(박성희, 2001). 이 정의 중에서 돕는 과정, 다시 말해 상담적 '도움'을 어떻게 보느냐에 따라 상담의 특성은 확연하게 달라진다. 〈상담 1〉에서 도움의 성격은 분명하다. 여기서 도움은 청담자의 문제를 해결해 주는 것이다. 바로 그 목표 때문에 상담이 시작되고 도움을 제공하는 상담의 진행 과정 역시 철저하게 청담자의 문제해결에 초점이 맞춰진다. 따라서 상담자는 청담자의 문제를 해결하는 해결사 역할을 담당한다. 일반인의 상식과 잘 맞아떨어지는 상담이다.

반면 〈상담 2〉에서 도움의 성격은 규정하기 어렵다. 상담이 다 끝난 후 결과적으로 청담자가 상담을 통해 무엇인가 도움을 받게 되었다는 사실을 느끼기는 하지만, 상담이 시작되는 시점이나 상담이 진행되는 과정에서 무슨 도움이 어떻게 제공되는지 상담자가 미리 정의하지 않는다. 굳이 말하자면 상담자와 청담자가 대화를 하고 소통을 하는 것 자체를 도움이라고 할 수 있을 것이다. 그러니까 상담자는 구체적으로 무슨 도움을 주는지 모른 채 청담자와 열심히 소통을 하려고 노력할 따름이다. 결과적으로 도움이 된다는 사실 이외에 상담자가 지향해야 할 특정 목표나 해결해야 할 문제가 없다는 말이다. 상담에 대한 상식적 개념과 심하게 어긋나는 발상이다. 다행히 이 발상을 지원하는 로저스(Carl Rogers)의 발언이 있다.

> 내가 나의 내적·통찰적 자아와 가장 가까이 있을 때, 내가 자신 속에 있는 알려지지 않은 부분과 접촉하고 있을 때, 내가 하는 무엇이든지 치유적 힘이 충만한 것처럼 보입니다. ……(중략)…… 이는 마치 나의 내부 영혼이 뻗어 나와 다른 사람의 내부 영혼에 닿는 것처럼 보입니다. 우리의 관계는 '우리'를 초월해서 보다 큰 어떤 것의 일부가 되는 것 같습니다. 그 순간 아주 깊은 성장과 치유와 에너지가 함께 존재합니다(Rogers, 1980, p. 129).

그러니까 상담자가 청담자에게 주는 도움은 상담자가 아니라 상담자를 넘어서 있는 어떤 초월적 세계에서 비롯된다는 것이다.

여기서 상담자의 역할은 그 도움의 과정이 잘 일어날 수 있도록 조건을 갖추어 주는 일일 따름이다. 상담에서의 도움이 이런 것이라면, 상담자의 역할은 자명해진다. 상담자는 청담자를 돕는 근원이 아니라 매개이며 가교일 뿐이다. 그러므로 상담자가 청담자를 돕기 위해 무엇인가를 열심히 하는 것(do)보다 상담 관계에서 어떻게 하면 청담자와 더불어 존재하며 그 순간을 충실하게 누리는가(be)가 더 소중해진다(박성희, 2014).

사실 상담의 도움 여부에 대한 평가는 상담자의 몫이 아니다. 이는 상담이 끝나고 난 후 청담자가 판단해야 할 사항이다. 상담자가 아무리 정확하게 청담자의 문제를 진단하고 적절한 방법을 동원하여 청담자의 문제를 해결했다고 주장하더라도, 청담자가 도움이 되지 않았다고 평가하면 상담자가 주장하는 상담적 도움은 없는 것이나 마찬가지다. 이런 점에서 상담자가 청담자를 돕기 위해 구체적 목표를 설정하고 목표 지향적 활동에 몰두하기를 권장하는 것은 오히려 이상하다. 아무리 청담자와 합의한 것이라 할지라도 상담자가 설정한 구체적인 목표가 상담적 도움이라는 '과녁'을 벗어날 확률은 언제든 존재한다. 이럴 바에야 상담자는 상세한 목표를 과감하게 놓아 버리는 편이 낫다. "특별한 목표 없이 대화에 몰입하며 상담을 진행하니 청담자에게 도움이 되더라."라고 말하는 편이 상담적 도움의 진실한 모습에 가까울 것이다. 이렇게 할 때 설사 청담자가 도움을 받지 못했다고 고백할지라도 대화에 참여하는 상담의 과정 자체가 무시되지는 않을 것이다. 앞에서 언급한 상담의 정의에서 '돕는'이라는 용어를 아예 빼 버리고 '생활 세계 곳곳에서 만남과 대화를 통해 서로에게 참여하는 과정'으로 상담의 정의를 바꾸는 것이 좋겠다고 생각되는 이유다.

이렇게 말하면 상담자들은 대개 불편해한다. 그러면 상담의 전문성을 보장할 수 없다고 생각하기 때문이다. 상담은 전문적 지식을 바탕으로 사람을 돕는 전문적 활동인데, 앞에서 펼친 나의 주장을 그대로 받아들이면 마치 상담은 전문적인 지식이 없이도 누구나 행할 수 있는 일상적 대화 활동과 아무런 차이가 없다는 오해를 불러일으킬 수 있다는 것이다. 맞는 말이다. 상담이 대화를 중심으로 펼쳐지는 활동임을 인정하는 한, 전문적 상담과 일상적 대화가 혼동될 가능성은 얼마든지 많다. 그렇다고 해서 우려하는 것처럼 상담의 전문성이 침해될 이유 또한 없다. 마구 그린 그림이나 유명 작가가 그린 그림이나 그림이라는 점에서는 마찬가지이지만 그 수준과 품격에 엄청난 차이가 있는 것처럼 대화도 마찬가지다. 서로 마주 앉아 이야기를 주고받는다는 점을 제외하면 상담 대화는 일상적 대화와 전혀 다른 전문적 특징을 갖추고 있다. 대화에 참여하여 서로 성장 경험을 한다는 점에서 특히 그렇다.

상담의 예술적 전문성

상담의 전문성 이야기가 나왔으니 이에 대해 조금 더 살펴보자. 다른 분야와 마찬가지로 상담자들 역시 상담의 전문성을 매우 중요하게 생각한다. 그리하여 상담의 전문성을 신장시키기 위해 다양한 전략을 동원한다. 상담 지식을 과학화, 체계화, 객관화하려는 노력은 그 정점에 서 있다. 그리하여 상담을 시작할 때부터 마무리할 때까지 구체적으로 무엇을 어떻게 해야 하는지 상세히 규정하고, 엄격하게 상담 과정과 절차를 관리하려고 한다. 상담 과정에 상담자 개인 변수가 작용하지 않을수록, 그리하여 표준화된 절차와 과정을 철저히 따를수록 좋은 상담이라고 인정받는다. 상담자가 되기 위해 석·박사 과정에서 배우는 수많은 과목과 상위 상담자가 직접 실시하는 상담 슈퍼비전의 목표들이 바로 여기로 수렴된다. 그런데 이렇게 형성되는 전문성은 한마디로 '기계적 전문성'이라고 요약할 수 있다. 개인의 특성에 상관없이, 아니 개인의 특성이 작용할 가능성을 철저히 배제한 채 기계적으로 발휘되는 전문성이라는 뜻이다. 기계적 전문성에서 인정하는 차이는 지식, 경험, 숙련도의 차이일 뿐 개인의 개성이나 인품과 아무런 관련이 없다.

나는 상담의 전문성을 기계적 전문성에서 찾는 것은 어처구니없는 일이라고 생각한다. 그런 것은 '과학'을 신봉하는 심리학이나 의학적 접근에 맡기면 된다. 상담에서 추구하는 전문성은 '예술적 전문성'이어야 한다. 개성과 창의성을 충분히 보장하는 전문성, 객관적 세계(지식)와 주관적 세계가 부딪쳐 새로운 세계로 문을 열어가는 개방적 전문성 말이다. 이 전문성은 상담에서 대화의 과정에 상담자와 청담자의 개성이 충분히 녹아나는 전문성, 서로의 체험과 인격이 부딪치며 떨림과 흥분을 일으키는 전문성, 자연스러우면서도 즉흥적으로 상호작용하는 교류의 전문성,

'나'와 '너'가 만나서 '우리'를 창조해 가는 전문성 등을 통해 드러날 것이다.

　모든 전문성이 그러하듯 예술적 전문성 역시 거저 얻어지는 것이 아니다. 예술적 전문성을 갖추기 위해서 기본적으로 공부하고 훈련해야 할 것들이 있다. 아마도 해당 전문 분야의 절차와 과정에 대한 지식 습득이 이에 속할 것이다. 하지만 그것은 전문성이 시작되는 토대일 따름이다. 이 토대 위에서 개인의 역량과 창의성이 유감없이 발휘될 때 비로소 예술적 전문성이 활짝 꽃필 수 있을 것이다. 미술을 예로 들면 이해가 빨리 될 것이다. 유명한 미술가의 예술적 전문성은 저절로 만들어지지 않는다. 아마도 그는 미술 작품을 만드는 기본 절차와 과정을 습득하기 위해 나름대로 철저한 훈련과 교육을 거쳤을 것이다. 이런 지식의 바탕 위에서 작가는 창의적으로 자기 미술 세계를 펼쳐나갈 것이다. 이 작가의 예술적 전문성은 바로 여기, 그러니까 창의적으로 자기 작품 세계를 펼쳐가는 데서 찾을 수 있다. 작가의 개성이 마음껏 드러나고 작가 고유의 표현 방식이 작품 속에서 빛을 발할 때 사람들은 거기서 작가의 예술적 전문성을 접하고 감동을 받는다. 예술적 전문성이 '표준화'가 어려운 매우 주관적인 현상임을 여실하게 보여 준다.

　상담이 추구하는 예술적 전문성도 마찬가지다. 상담자로서의 전문성을 쌓기 위해 초보 상담자는 만남을 이해하고 대화에 참여하는 기본 지식을 배우고 익혀야 한다. 그러나 이것 자체가 상담의 전문성일 수는 없다. 이 지식의 토대 위에서 상담자는, 마치 미술가가 작품을 창조할 때 그렇듯이 대화의 과정에 깊이 몰입해 가며 청담자와의 대화적 만남에 참여한다. 청담자와 더불어 서로의 세계를 탐색하고 교류하고 확장하는 창조적 관계에 들어서는 것이다. 그리고 이 관계 속에서 상담자와 청담자가 서로의 내면에 가려져 있던 참된 자기를 찾고 잠재적 가능성을 실현하며 함께 성장의 체험을 누려 나간다. 이 관계를 굳이 창조적 관계라고 말하는 이유가 있다. 관계를 통해 자기를 발견하고 서로를 체험하며 실현할 뿐 아니라, 그 과정에서 관계의 특성 자체가 끊임없이 변화하고 재구성된다는 점에서 그렇다. 따라서 상담 관계는 근원적으로 창조적 관계다. 그리고 상담 관계 속에서 상담자와 청담자 양쪽이 모두 새롭게 창조된다는 점에서 상담의 전문성 역시 기본적으로 예술적 전문성일 수밖에 없다.

전문성의 기계성과 예술성을 가름하는 결정적 기준은 전문화된 지식을 표준화된 틀에 담을 수 있는지 없는지에 달려 있다. 예술적 전문성은 표준화를 거부한다. 분명 전문성은 넘치는데 이를 객관적이고 체계적인 지식으로 정리하기가 불가능하다. 상담의 전문성 역시 표준화된 지식을 넘어선 곳에 있다. 그렇다고 상담의 전문성을 논외의 것으로 규정한다든가 아니면 기계적 전문성으로 대신하는 것은 온당치 않다. 비록 상담의 전문성이 창출되는 절차와 과정을 표준화하여 상세히 언급할 수는 없지만, 상담 전문성의 성격을 드러내고 상담 전문성이 발휘되는 여건이나 상황을 표현하는 일은 얼마든지 가능하다. 예를 들어, 명상을 하면서 개개인이 거쳐가는 구체적인 의식의 과정과 체험 내용을 미리 예측하는 일은 어렵지만 명상의 특성, 명상의 방법, 명상의 효과 등을 논의하는 것은 전혀 어색하지 않다.

'지금-여기'에서 실현하는 상담의 이상향, 현전재

나는 상담의 예술적 전문성을 잘 드러내는 개념이 현전재라고 생각한다. 이미 여러 번 말한 대로 현전재는 지금 여기에 전체로 존재한다는 뜻이다. 만남과 대화가 중심을 이루는 상담에서 상담자와 청담자가 상담을 하는 매 순간 자기 모습 그대로 존재하는 일이야말로 그 무엇보다 중요하다. 상담은 결국 존재를 다루는 활동이다. 문제를 예방하거나 해결하고, 심리적인 병을 치료하고, 성장을 추구하는 모든 상담 활동도 궁극적으로 '지금 여기'에서 펼쳐지는 삶이 목적이다. 그러니까 '지금 여기'에서 자기의 참모습을 찾아 잘 살아가는 것이야말로 상담이 지향하는 이상향이다. 현전재는 이 같은 상담의 이상향을 바로 지금 여기에서 실현하라고 한다. 상담이 이루어지는 지금 이 자리에서 참된 자기를 접촉하고, 알아차리고, 체험하고, 표현하라고 한다. 현전재의 이러한 요구는 상담자와 청담자에게 똑같이 적용된다. 상담자와 청담자가 만나서 상담 대화를 하는 순간부터 양쪽 모두 지금 여기에 충실하기를 기대한다. 하지만 대부분의 청담자는 이를 무척 어려워하고 힘들어한다. 청담자들이 호소하는 소위 '문제'들은 매우 다양한 양상으로 표현되지만 본질적으로 그 문제들은 지금

여기, 다시 말해 현전재에 충실하지 못한 데서 찾을 수 있다. 시간으로 보면 과거나 미래가, 공간으로 보면 여기 아닌 다른 곳에서 있었던/있을 무엇인가가 항상 문제의 근원이요 핵심이다. 그리하여 청담자는 상담자를 만나서도 현전재를 뿌리치고 자꾸 지금 여기가 아닌 다른 곳을 향해 내닫는다. 이런 청담자에게 현전재하는 모습을 솔선수범해야 할 사람이 바로 상담자다.

상담자는 청담자를 만나는 순간부터 상담을 진행하는 모든 과정에 자신이 현전재함을 자연스럽게 보여 주어야 한다. 그러니까 지금 여기에 깨어서 청담자의 말과 행동을 경청하고, 청담자의 말과 행동이 자신에게 일으키는 다양한 체험을 접촉하고, 청담자로 인해 자기 내면에서 일어나는 반응을 자연스럽게 표현하고 행동으로 옮길 수 있어야 한다. 이렇게 할 때 상담자는 상담을 실행하는 지금 여기서 스스로 자기의 삶을 충실하게 살아갈 뿐 아니라 청담자에게 현전재하는 삶의 방식을 안내할 수 있다.

현전재를 누리는 상담자의 삶의 방식이 곧바로 상담으로 연결된다. 상담자와 대화에 참여하면서 청담자가 점점 더 지금 여기에 머무는 시간과 그 속에서 자기의 참모습을 누리는 순간이 늘어간다면, 그것 자체가 바람직한 상담의 효과다. 굳이 말하지 않아도 청담자에게서 상담의 효과가 자연스럽게 나타나는 것이다. 지금 여기에 충실한 상담자의 삶에 전염되면서 청담자 스스로 자기 변화와 성장을 창출해 가는 과정, 이 과정을 창출하는 기제로서 현전재는 상담의 예술적 전문성을 유감없이 드러내는 특성이라고 말해도 지나치지 않다.

현전재가 상담의 예술적 전문성을 가늠하는 중요한 기준이라고 하면, 앞에서 제시한 두 상담 중 어떤 상담이 좋은 상담인가는 명확하다. 기계적 전문성을 강조하는 〈상담 1〉에서 상담자의 현전재가 작용할 여지는 최소한으로 줄어든다. 반면 〈상담 2〉는 상담의 과정 전체가 현전재로 가득하다. 현전재를 중시하는 나의 슈퍼비전이 〈상담 2〉를 좋게 여길 수밖에 없는 이유다.

현전재에 대한 개념이 상당히 구체적으로 머리에 자리를 잡은 요즘 나는 틈만 나면 제자들에게 현전재의 가치를 강조한다. 비단 상담할 때뿐 아니라 일상생활에서도 현전재할 것을 격려한다. 현전재가 삶을 건강하고 풍요롭게 할 뿐 아니라 우리가 접촉하고 체험할 수 있는 유일한 삶의 순간이라고 여기기 때문이다. 상담 슈퍼비전을 통해 내가 제자들에게 가르치려고 하는 것도 현전재하는 삶이다. 상담의 방법으로서, 그리고 삶의 방법으로서 지금 여기 현전재하는 일보다 더 중요한 것은 없다는 게 현재 나의 인식이다.

상담기술자들의 세상에 대한 고언

약간 곁길로 나가 내가 상담학회 활동을 열심히 하지 않는 핑계를 대보자. 현재 나는 전국 교육대학교에 근무하는 상담 교수들이 조직하고 운영하는 '초등상담교육학회'를 제외하곤 다른 학회 활동에 열심을 내지 않는다. 몇 개 학회에는 회원이나 이사로 이름이 올라가 있지만 모두 형식적일 뿐 적극적으로 참여하는 곳이 없다. 가끔씩 학술지에 실린 논문을 심사해 주는 일이 고작이다. 그래서 나를 아는 선·후배들의 관심 어린 질책을 듣기도 한다. 내가 대외적 학술 활동을 소홀히 하는 이유를 몇 가지 들어 보자.

첫째, 내 성품 탓이다. 조용하고 고요한 것을 좋아하는 성품이 사람들이 많이 모여 복닥거리는 곳을 별로 반기지 않는다.

둘째, 시장을 방불케 하는 상담학회의 학술대회가 혐오스럽다. 학술대회가 진지한 학술적 토론의 장이 아니라 상담학회에서 발급하는 자격증 취득을 위한 시장터로 전락한 듯하다. 학문의 향기가 아니라 돈 냄새가 진동하는 것 같아 싫다.

셋째, 상담학회의 학술대회는 각종 상담 기법과 전략의 전시장 같다. 상담의 본질에 대한 진지한 성찰을 묻어 둔 채, 어떻게 하든 사람들의 이목을 끌고 지식을 팔아 넘기려고 안달인 것이 마치 지식 백화점 같다.

넷째, 상담학회에서 발급하는 자격증 제도가 상담의 본질에 어긋난다고 생각한다. 상담이 상담자의 인품을 바탕으로 현전재를 드러내는 활동이라고 할 때, 자격을 부여하는 일은 로저스가 고민했듯이 매우 신중해야 한다. 설사 자격을 부여한다고 해도, 최소한의 구분이면 충분할 것이다. 여러 수준으로 등급을 나누어 놓고 더구나 상급 자격증 취득을 위해 엄청난 시간과 돈을 들이게 하는 현실은 납득하기 어렵다. 일부 상담학회는 자격증 장사를 한다는 비난을 받아 마땅하다. 최근에 나는 모 상담학회의 상급 상담자 자격 유지를 포기했다.

다섯째, 상담학회의 학술지에 실리는 논문이 거의 대부분 기계적 전문성에 초점을 두고 있다. 과학성을 추구해야 한다는 이유 때문인지 상담학회에 실리는 대부분의 논문은 통계를 활용하는 실증 연구인데다가 연구 주제들 역시 기계적 전문성과 관련된 내용으로 가득하다. 상담 전문성의 핵심을 구성하는 상담의 예술성, 창의성에 대한 연구와 논의는 아직 요원하다. 하기야 나조차도 '현전재'라는 개념을 이제야 알았으니……

여섯째, 내가 만난 많은 상담학자들은 자신의 삶과 상담 활동을 별개로 취급한다. 상담하는 일과 생활인으로서 사는 일에 편차가 심하다. 그리하여 상담을 할 때와 일상생활을 할 때 상당히 다른 모습을 보인다. 이를테면 상담실에서 만난 청담자에게는 수용적인 태도를 보이면서 자식에게는 매우 엄격하다거나, 강의에서는 배려를 강조하면서 자기 제자들은 전혀 배려하지 않는 행동이 그렇다. 생활의 장에 따라 다른 모습을 보이는 상담학자의 이런 태도는 앞에서 말한 현전재와 심하게 충돌한다. 나는 이런 상담학자들을 만나는 게 매우 불편하다.

일곱째, 상담학계에 현전재가 없다. 앞에서 여러 가지로 이야기했지만 나의 실망하는 마음을 한마디로 요약하면, 우리 상담학계가 상담이 상담하는 사람의 인품과 존재의 반영이라는 사실을 철저히 무시한다는 것이다. 그리하여 상담을 사람을 다루는 복잡한 기술로, 상담자를 사람의 변화를 전문적으로 다루는 기술자로 추락시켜 버리고 말았다. 상담에서 현전재가 하루빨리 제자리를 잡지 않는 한, 이 상황은 앞으로도 계속될 것이다.

상담에서 현전재의 중요성이 인식되고 '지금 여기'에 현전재하는 삶이 상담의 방식이자 상담자의 삶의 방식으로 뿌리를 내려 한국의 상담학계가 한 차원 높은 수준으로 발돋움하기를 기대하는 마음이 간절하다.

08
현전재와 동양상담

최근 내가 현전재를 만난 것은 행운이다. 현전재는 내 삶의 방향을 바꾸었을 뿐 아니라 '상담'의 본질을 놓고 10여 년 이상 지속되었던 나의 고민을 한 방에 날려버린 해결사다. 상담을 하면서 늘 마음 한쪽이 켕기던 문제를 현전재가 깨끗하게 정리해 주었다. 이게 도대체 무슨 소린지 상담계에 몸담은 지난 세월을 더듬으며 살펴보자.

상담의 본질을 찾아서

대학원에 들어가면서 상담을 공부한 이래 거의 20여 년 동안 나는 특별한 의심 없이 한국 상담계의 흐름을 따라갔다. 상담의 대가라고 알려진 외국 학자들의 이론과 주장을 열심히 섭렵하고 그들이 제시한 상담과 심리치료 기법을 열심히 익혀 청담자들을 도와주려고 애를 썼다. 1980년대를 기준으로 학계에 알려진 상담 이론이 무려 400개를 넘었으니, 배우고 익힐 것이 얼마나 많았던가! 게다가 상담에 대한 사회적 수요가 폭발하는 바람에 상담자들은 그야말로 눈코 뜰 새 없이 바쁜 나날을 보내고 있었다. 지방 대학에 근무한다는 핑계로 상담 강의와 강연으로 끌려 다니는 일은 면했지만, 한국에서 상담학이 처음으로 뿌리를 내리는 초창기라 학문적으로 이바지해야 한다는 의무감을 안고 나 역시 무척 바쁘게 저술 작업에 몰두하였다. 그러던 어느 날 나는 우리나라의 상담학자와 상담자들이 '상담'이 무엇인지 그 기초 개념조차 진지하게 고민하지 않은 채 마구 달리기만 한다는 사실을 알아챘다. 당시

발간된 몇몇 서적에서 상담에 대한 간단한 정의를 발견할 수 있었지만, 이들은 모두 서구 학자들의 의견을 소개하는 수준에 그치고 있었다. 상담이라는 용어 자체가 서구에서 수입된 것이므로 당연하게 받아들일 수도 있지만, 사람들의 삶에 구체적인 도움을 주는 상담학이 상담 활동이 벌어지는 곳의 실제 사람살이를 외면하고, 핵심 개념을 명료하게 정의하지도 않은 채 하나의 학문으로 성립될 수는 없는 일이다. 이렇게 시작된 고민은『상담과 상담학 1·2·3』이라는 세 권의 저서 출판으로 이어졌다.

하지만 상담의 본질에 대한 나의 사색은 끝나지 않았다.『상담과 상담학』에서 비록 상담을 치료와 구분하고, 상담학을 심리학 및 정신치료학과 구별되는 새로운 학문으로 정립하자는 주장을 내놓았지만, 이 주장이 힘을 받을 만한 핵심 논거, 그리고 이를 뒷받침할 실제 전략이 부족하다고 느꼈던 것이다. 새로운 주장을 이전 패러다임에 속하는 개념과 방법들로 채워 놓았으니 당연한 일이다. 그러니까 새로운 길로 가야 한다는 건 알겠는데, 그 길이 아직 뚜렷하게 보이지 않으니 지나온 길을 되돌아보며 머뭇거리는 셈이라고나 할까. 그래서 나는 어중간한 자세를 취할 수밖에 없었다. 내가 쓰는 글도 그렇고 제자들을 가르칠 때도 그랬다. 늘 어정쩡하게 "그건 아닌데…… 앞으로는 달라져야죠." "이렇게 가야 합니다. 근데 급한 대로 하던 걸 합시다."라는 식이었다. 내가 근무하는 대학교의 상담대학원 교육과정의 이름과 내용이 이전과 달라지지 않았다는 사실이 이를 잘 보여 준다. 그래도 내 머릿속에서는 늘 새로운 돌파구를 찾으려는 모색이 끊이지 않았다.

다행인 것은 이 와중에도 내가 로저스를 떠나지 않았다는 사실이다. 내가 보기에 로저스는 '상담'이 가야할 길을 누구보다 명확하게 밝혀놓은 사람이다. 상담이 기술이나 기법(do)의 문제가 아니라 인격과 태도(be)의 문제이며, 상담자의 역할이 개입이 아니라 지원이며 동반 성장이라는 점을 명시한 것이 바로 로저스다. 비록 그가 시대 상황 때문에 '심리치료'라는 말을 자주 사용하기는 했지만, 그가 지향한 심리치료는 항상 청담자의 자기주도성 향상과 자기실현에 초점이 맞춰져 있었다. 심리치료의 몫이 상담자의 것이 아니라 청담자의 것이라는 점을 분명히 했던 것이다. 이렇게 로저스는 철저히 상담을 청담자 중심으로 생각하고 있었다. 이 로저스가 상담의 알파요, 오메가로 지적한 것이 인간관계의 필요충분조건이고, 이 필요충분조건의 핵심이 수용, 공감적 이해, 진정성이다. 그러니까 수용, 공감, 진정성이 넘치는 상담 관계가 마련되면 청담자는 스스로 자기실현을 해 나갈 것이라는 참으로 대담한 주장이다.

동양상담이 품은 상담의 원형

로저스를 따라 수용, 공감, 진정성을 열심히 공부하던 나는 여러 경로를 통해 동양의 위인과 사상을 접하게 되었다. 그리고 거기서 로저스가 주장한 핵심 내용을 로저스보다 더 깊고 정교하고 치밀하게 다룬 흔적을 발견할 수 있었다. 예를 들어, 노자의 『도덕경』은 '수용'의 전범이라고 말해도 조금도 부족하지 않다. 어디 노자뿐인가. 불가와 유가에서 펼쳐진 그 수많은 논쟁과 가르침과 예화 속에서 수용, 공감, 진정성에 대한 이야기는 끝없이 이어지고 있다. 여기에 생각이 미친 나는 두 가지 방면의 작업에 손을 대기 시작했다. 동서양의 고전을 뒤지며 수용, 공감, 진정성에 대한 저술을 하는 일, 그리고 동양상담이라는 이름을 걸고 새로운 상담론을 펴는 일이다. 그리고 이 일을 하면서 동양상담의 매력에 푹 빠져들었다. 지금까지 상담은 서양의 학문이라고 알고 있었는데, 동양에서도 이미 오래전부터 비슷한 말을 하고 있었던 것이다. 그런데 고민이 생겼다. 동양을 샅샅이 뒤지며 서양상담에서 주장한 내용과 비슷한 것을 찾아낸들 무슨 의미가 있는 걸까? 기껏해야 그런 거 동양에서도 아주 오래전부터 이야기해 온 것이라는 자부심 정도? 이 정도라면 이미 이 분야를 선점했을 뿐아니라 나날이 새로운 도구들을 개발해 내고 있는 서양상담에 구색이나 맞춰 주는 꼴밖에 되지 않을 것이다.

사실 나에게 동양상담은 다양한 매력으로 다가 왔다. 서양상담과 유사한 내용이 담겨 있다는 것도 그중 하나다. 하지만 그보다 더 매력적이었던 것은 서양식 사고로는 잘 드러나지 않는 삶을 바라보는 새로운 패러다임이다. 우리는 흔히 동양과 서양을 대비시키고 그 둘의 차이를 여러 측면에서 조명한다. 사실 이 차이는 사람들의 일상생활과 직결되어 있다. 이 차이 중에서도 내가 주목한 것은 '나'의 정체성에 대한 시각차다. 짧게 말해, 서양의 '나'는 분리된 개인으로 강조되는 반면, 동양의 '나'는 모든 것과 이어진 관계 속의 존재로 강조된다. 이 차이는 자기에 대한 의식뿐 아니라 삶을 대하는 태도와 삶을 가꿔 가는 방식 모두에 영향을 미친다. 동양상담은 바로 이 차이를 반영한 상담이어야 한다. 그렇다면 동양상담과 서양상담의 이 차이를 극명하게 드러낼 핵심 개념은 없을까? 서양상담과 대비되면서 동시에 동양의 상담이 진정한 상담의 원형을 간직하고 있음을 딱 들어맞게 표현해 줄 용어가 어디 없을까? 나의 이러한 고민은 엉뚱하게도 동양이 아닌 서양을 공부하면서, 정확하게 말하면 로저스를 읽으면서 실마리를 찾게 되었다.

2012년도에 나는 인간관계의 필요·충분조건 간의 관계에 대해 탐구한 논문을 발표한 적이 있다. 이 연구를 통해 나는 필요충분조건들 사이의 관계가 진정성을 어떻게 규정하는가에 따라 상당히 달라짐을 알 수 있었다. 진정성을 대표하는 개념을 일치성(congruence)으로 볼 것이냐 아니면 현전재성(presence)으로 볼 것이냐에 따라 수용, 공감, 진정성의 관계가 판이하게 달라진다는 것이다. 그리고 현전재성을 진정성의 중심 개념으로 볼 때 로저스가 말하는 자기실현 경향성과 형성 경향성이 상담자와 청담자 모두에게 온전히 실현될 수 있으리라는 기대를 하게 되었다. 금광을 발견한 듯 흥분한 나는 현전재성에 대해 로저스가 말한 내용을 찾기 시작했다. 그리하여 로저스가 마지막으로 남긴 책 『칼 로저스의 사람중심 상담(A way of being)』을 샅샅이 뒤지며 'presence'가 등장하는 문장과 문단을 모으기 시작했다. 몇 개 되지 않는 이 글을 분석한 결과 나는 로저스가 생애 후기에 가서 비로소 현전재성이라는 용어의 중요성을 알고 사용하기 시작했다는 점, 그리고 성장과 치유의 힘을 가동시키는 원천이요, 초월성과 영성을 활성화시키는 통로로서 현전재성을 부각시키고 싶어 했다는 점을 알 수 있었다. 하지만 그게 거의 전부다. 말년에 가서야 현전재성을 발견한 로저스에게는 이를 탐색할 충분한 시간이 없었을 것이다.

현전재의 또 다른 이름, 마음 비우기

어쨌거나 현전재성의 중요성이 비로소 나의 눈에 띄게 되었고, 이 개념을 바탕으로 동양을 돌아보니 그야말로 상담 천국이 눈앞에 펼쳐졌다. 동양에서는 아주 오래전부터 현전재성의 중요성을 인식하고 현전재성에 충실하게 사는 방식을 다양한 방법으로 가르치고 배워 왔다. 이를테면 '마음 비우기'가 그렇다. 어떤 곤경에 처했거나 실수를 저질렀거나 중요한 일을 앞에 두고 있을 때, 우리는 마음을 비우라는 말을 많이 주고받는다. 심지어 정치가들도 중대 결단을 앞에 두고서는 마음을 비웠다는 말을 하곤 한다. 마음 비우기가 이렇게 일상화될 수 있었던 것은 우리 사회(동양)의 역사와 문화가 끊임없이 마음 비우기의 중요성을 강조했기 때문이다. 실제 우리 사회에서 오랫동안 귀하게 대접받아 온 고전들은 한결같이 마음 비우기를 강조한다. 그 많은 불가, 도가, 유가 서적이 그렇고 비교적 최근에 들어온 기독교 관련 서적들조차도 '마음이 가난한 자는 복이 있나니.'와 같은 어구로 마음 비우기

공식에 동참하고 있다. 그리하여 마음을 비우는 다양한 방법이 서로 경쟁적으로 제시되었고, 이기론(理氣論)처럼 수백 년에 걸쳐 마음의 정체와 기능에 대해 상세한 연구를 감행하기도 하였다.

마음을 비우라는 말은 단순히 '욕심을 버린다.' 또는 '마음에 아무것도 담아 두지 않는다.' 는 뜻이 아니다. 마음을 비운다는 말에는 특정 사건에 사로잡히거나 매어 있지 말고 자기 존재의 진면목을 제대로 누리라는 적극적인 의미가 담겨 있다. 그러니까 문제가 된 어떤 사건으로 마음을 채우는 대신, 평상심을 유지하며 매 순간 깨어 자기에게 일어나는 현상을 충실하게 음미하며 즐기라는 뜻이 들어 있다는 말이다.

이는 바로 현전재성을 일컫는 말이기도 하다. 마음을 비우라는 말이 현전재성의 다른 표현이라고 해석되는 이유다. 이렇게 현전재성은 항상 우리에게 가치 있게 여겨지는 삶의 방식이었다. 다만, 우리가 세심하게 주의를 기울이지 않았을 따름이다.

마음 비우기뿐이 아니다. 알아차리기, 관찰하기, 주시하기, 척체현감, 허정지, 좌망, 심재, 거경궁리, 집중하기, 현재에 머물기, 집착 벗어나기, 도추, 양행 등 동양에서 사용되어 온 수많은 수련과 수양 방법이 모두 현전재를 일깨워 이를 충실히 누리게 하는 데 초점이 맞춰져 있다. 그러므로 현전재성은 동양적 삶의 한가운데 자리를 잡고서 사람들의 삶에 영향을 끼쳐 왔던 것이다. 따라서 현전재성을 상담의 중추 개념으로 인정하면, 그동안 동양에서 이루어져 온 다양한 심신 수련·수양법은 모두 '상담'이며 '상담적 활동'으로 규정할 수 있다. 아울러 상담은 동양에서 수천

년 동안 쌓아 온 삶의 지혜에 뿌리를 내린 전문 활동으로서 상담의 기본 패러다임에 혁신을 가져올 뿐 아니라, 상담의 탈서양을 향한 튼튼한 발판을 마련할 수 있게 된다.

상담의 새로운 패러다임

앞에서 상담의 탈서양이라는 표현을 썼다. 필자가 이런 표현을 하는 가장 큰 이유는 상담의 스펙트럼이 넓어져야 한다는 인식 때문이다. 서양상담의 특징은 한마디로 '생각 다루기'다. 서양에서 개발된 상담 이론이 수백 개를 넘고 설명 방식도 다양하지만, 이들의 주장은 결국 합리적이고 효율적인 '생각'의 구축으로 수렴된다. 무의식을 의식화하려고 한 프로이트를 비롯하여 행동에 초점을 둔 행동주의자와 감정에 초점을 둔 정서주의자 그리고 이모든 접근을 아우르려는 절충주의자들도 궁극적으로는 생각하는 힘으로서 이성을 강조하고 합리적 사고를 새롭게 구성하거나 재구성하려는 데 힘을 모은다. 예를 들어, 감정적 접촉과 알아차림을 중시하는 게슈탈트 상담조차도 결국 감정 에너지를 활성화함으로써 막혀 있던 지적 기능이 자유롭고 합리적으로 가동될 수 있게 돕는 것을 목표로 삼는다. '생각'을 본격적으로 다루는 인지 상담 또는 인지행동치료가 현대 서양상담을 대표하는 것은 아주 자연스런 귀결이다. '나는 생각한다. 고로 나는 존재한다.'는 서양의 기본 패러다임이 상담에도 고스란히 녹아 든 결과다.

합리적인 생각과 이성적인 판단은 우리의 삶을 건강하게 이끌어 가는 소중한 기제다. 따라서 생각의 중요성을 강조하고 상담에서 생각을 다루는 것은 전혀 이상한 일이 아니다. 하지만 우리의 삶을 '생각'으로 축소시키거나 환원하여 그 범위를 좁혀 놓는다면 분명 잘못된 일이다. 우리 존재는 '생각'보다 훨씬 크다. 생각은 어디까지나 체험을 구성하는 하나의 양식일 뿐이다. 우리 삶을 구성하는 체험은 생각 이외에도 감각, 지각, 감정, 심상 등 다양하다. 그리고 이 체험은 알아차림이라는 과정을 통해서 매 순간 우리가 향유할 수 있는 삶의 실체다. 따라서 상담은 당연히 '생각'도 다루어야 하지만 한 차원 높은 곳에서 체험과 알아차림을 다루어야 한다. 우리 존재의 근원은 생각이 아니라 체험과 알아차림에 있다. 상담이 생각을 넘어서서 체험과 알아차림의 세계로 확장되고 우리 존재 전체에 귀를 기울여야 하는 이유가 여기에 있다. 옛날부터 동양 사회를 관통해 온 '알아차린다, 고로 존재한다.'는 인식이 이제 상담의 새로운 패러다임으로 자리 잡을 때가 되었다.

현전재성을 상담의 핵으로 인식하면서 동양상담을 어떻게 해야 할지에 대한 보다 구체적인 길도 내 눈에 들어오기 시작했다. 그동안 동양상담이라는 이름으로 우리가 해 온 작업은 주로 비교하는 작업, 그러니까 서양상담에서 개발된 상담 원리와 방법들을 동양의 위인과 고전 속에서 찾아내는 일에 집중되었다. 이 과정에서 새로운 상담 지식이 추가되기도 하고 동양 고유의 상담 지식이 발굴되는 경우도 있었지만, 서양상담의 기본 패러다임을 벗어나기는 어려웠다. 『퇴계 유학과 상담』(박성희, 2007), 『다산과 상담』(이재용, 2009), 『연암과 상담』(정미정, 2010) 등이 모두 그런 작업의 결과다. 그러나 이제 현전재성을 중심으로 보다 과감하게 동양상담을 펼칠 필요가 있다. 일단 서양상담을 의식할 필요가 없다. 서양이 서양대로 삶을 체험하고 알아차리고 드러내는 양식을 발전시켜 왔다면, 동양은 동양대로 삶을 체험하고 알아차리고 드러내는 방식을 발전시켜 왔다. 따라서 동양의 위대한 사상과 상담자들의 삶을 뒤지며 그들이 구체적으로 무엇을 주장하고 어떻게 살아갔으며, 어떻게 살라고 가르쳤는지 거침없이 파헤치면 된다. 다시 말해 '상담은 이런 것'이라는 전제를 과감하게 버린 채, 현전재의 누림으로 가득한 동양의 사상과 상담자들의 삶을 귀납적으로 철저하게 파헤치자는 것이다.

그렇게 해서 구성된 상담 지식에 현대라는 옷을 제대로 입히는 일도 중요하다. '동양상담' 하면 고색창연한 용어를 써 가며 지나간 세월이나 논하는 학자들의 심심풀이 놀이쯤으로 내려다보는 인식이 있다. 이래서는 학문적으로나 실제적으로 현대인에게 환영받기 어렵다. 따라서 동양상담 고유의 특징을 선명하게 드러내면서도 옛날 냄새가 나지 않는 용어를 발굴하는 한편, 현대인의 입맛에 어울리는 이론 구성과 상담 전략 개발에도 힘을 기울여야 한다.

현전재성을 뚜렷하게 의식하기 전 나는 퇴계의 다음 말을 그냥 흘려들었었다. 유교 교리에 따라 철저하게 자기관리를 하며 살아간 존경스런 분이라는 생각 이외에 특별히 그 분의 삶을 주목해야 할 이유를 찾지 못했다. 그러나 현전재성에 눈을 뜨고 나서 본 이 글은 퇴계가 얼마나 순간순간을 풍성하게 누리며 현전재성에 충실한 삶을 살았는지 알게 해 주었다. 성리학을 집대성한 위대한 이론가이면서 동시에 삶의 실천가로서 우뚝 서 있는 퇴계는 우리 삶을 안내할 상담자로서 전혀 손색이 없는 인물이다. 어디 퇴계 선생만 그럴까. 우리가 아는 존경스런 역사 인물들, 그리고 '이렇게 살라.'고 가르치며 수천년 역사 속에 살아남은 고전들은 상담 지식을 가득 담은 보물창고다. 이제 이 보물창고를 뒤지며 우리 삶을 좀 더 풍성하고 윤택하게 가꾸어 갈 상담의 원리와 전략들을 끌어내야겠다. 현대 상담의 활로는 동양상담에 달려 있다고 말해도 과언이 아니다. 이에 눈을 뜨게 해 준 현전재성에 그저 고마울 따름이다.

닭이 울어 잠이 깨면 이런저런 생각이 점차 일어난다. 어찌 그 동안 조용히 마음을 정돈하지 않겠는가. 혹은 과거의 허물을 반성하기도 하고, 혹은 새로 깨달은 바를 생각하여 차례로 조리를 세워서 분명하게 이해하라. 근본이 세워지면 새벽에 일어나서 세수하고 빗질하고 의관을 갖추고, 단정히 앉아 안색을 가다듬은 다음, 이 마음 이끌기를 돋는 해처럼 밝게 하라. 엄숙 정제하고 마음을 허명정일하게 하라. 이에 책을 펼쳐서 성현을 대하면 공자가 앉아 계시고 안자와 증자가 뒤에 계신 듯하다. 성현이 말씀한 바를 친절히 경청하고, 제자들이 묻고 답한 바를 반복하여 참고하고 바로 잡으라. 일이 생겨서 대응하게 되면, 실천으로 시험하

라. 밝은 하늘의 명령은 밝게 빛나는 것이니 항상 눈을 이에 두어
라. 일에 대응하고 나면 이전처럼 되어야 한다. 마음을 고요히 하
고 정신을 모으고 잡념을 버리라. 움직임과 고요함이 순환하더라
도 마음만은 이를 보아야 한다. 고요할 때는 보존하고 활동할 때
는 살피지만 마음이 두 갈래 세 갈래가 되어서는 안 된다. 독서하
는 여가에는 틈틈이 쉬면서 정신을 가다듬어 성정을 길러야 한
다. 날이 저물고 사람이 권태로워지면 혼미한 기운이 쌓이기 쉬
우니 장중하게 가지런히 가다듬어 정신을 맑게 펼쳐야 한다. 밤
늦어 잠자리에 들려 할 때에는 손을 가지런히 하고 발은 모은다.
생각을 하지 말고 심신이 잠들게 하라(이황, 1958, pp. 210-211).

이 글을 쓰는 중에 인도 여행을 다녀왔다. 거기서 떠오른 상념
하나. 인도 바라나시의 갠지스 강변에는 가난한 사람들이 엄청
많다. 아기를 안은 여인들, 수도자 차림을 한 가짜 도사들, 어린아
이들 등 수많은 사람이 다가와 무엇인가를 달라고 손을 내민다.
종교의 나라, 그래서 마음의 고향이라는 막연한 환상을 가지고
찾아온 인도에서 예상치 못했던 당혹감을 느꼈다. '가난'이라는
표현조차 과분하게 여겨질 정도다. 이를 보던 아내는 아무리 영
성이 발달하고 종교적인 깨달음을 얻는다고 해도 자기는 절대로
저렇게 가난하게 살고 싶지 않다고 잘라 말한다. 이 말을 들으며,
얼핏 현전재에 충실한 삶의 모습이 단순히 내면에 초점을 맞추며
사는 것은 아닐 것이라는 생각이 스쳤다.
　체험을 알아차리며 지금에 사는 것을 현전재라고 할 때, 자칫

현전재를 누리는 길은 아무것도 하지 않고 가만히 자기 내면에서 일어나는 현상을 응시하는 것이라는 오해를 살 수도 있다. 정말 그렇다면, 아마 물질적·경제적 혜택의 편리함에 깊이 물든 우리 같은 사람들은 현전재 같은 건 신경도 쓰지 않을 것이다. 그렇게 하다가는 가난을 각오해야 하기 때문이다. 그러나 현전재를 충실히 누리는 일은 모든 것을 멈추고 정지해야 가능한 것이 아니다. 현전재는 모든 정지와 행함 속에서 항상 누릴 수 있는 실재다. 정지하면 정지한 대로, 움직이면 움직이는 대로 그 순간의 체험을 알아차리고 누리는 것이 현전재다. 그러므로 경제적 활동을 수행하면서도 현전재를 누리는 일은 얼마든지 가능하다. 이런 점에서 현전재는 '무엇'의 문제가 아니라 '어떻게'의 문제라고 단언할 수 있다.

09
현전재와 무위자연

지금 나를 전체로 누리는 현전재성을 잘 드러내는 행위가 있다면 어떻게 하는 것일까?

혹시 이 행위는 행위하지 않음과 어떤 연관이 있는 것은 아닐까?

노자가 말한 무위자연이 바로 현전재성을 누리는 최선의 방법이 아닐까?

현전재에 대해 곰곰이 생각을 하고 의식적으로 지금 이 순간을 누리려는 생활을 이어가다보니 나도 모르게 현전재는 나의 노력과 무관하게 저절로 다가오는 현상이라는 깨달음이 왔다. 나의 의도와 열심은 오히려 그것 자체가 목적이 되어 지금 이 순간의 누림을 놓치게 하는 이상한 결과를 가져온다는 사실을 알아차린 것이다. 그렇다면 차라리 특별한 의도나 열심을 접어놓은 채 그냥 자연스럽게 있는 게 최상의 해답일 수 있다. 그때 노자가 그토록 강조한 무위자연이 머리에 떠올랐고, 그리하여 나는 로저스의 현전재성과 노자의 무위자연을 연관짓는 논문을 써내게 되었다(박성희, 2012).

현전재의 세 가지 표현 방식

로저스가 말한 현전재의 내용은 다섯 가지로 요약할 수 있는데, 그중 뒤의 세 가지는 현전재의 방법 내지는 현전재를 드러내는 행위(?)와 관련된 것이다. 앞의 논문에서 나는 이 세 가지 현전재의 표현 방식을 무위자연으로 풀어 설명하려고 하였다. 그 내용을 옮겨 보자(pp. 399-417).

첫째, 현전재성은 특별하게 무엇인가를 하는 것이 아니다. 다만, 자신의 초월적 핵심에 가까이 머물면서(진정한 자기 자신으로 살면서) 편안한 상태를 유지하는 것이다. 여기서 현전재성은 특별한 행위로 정의되지 않는 것임을 분명히 하고 있다. 다시 말해 현전재성은 무엇(what)과 어떻게(how)의 문제가 아니라 자기답게 살아가는 존재(who)의 문제로 파악되고 있다. 매 순간 진정한 자기를 찾아 자기답게 살아가는 것이 현전재성이라는 말이다. 자기답게 산다는 것도 하나의 행위지만, 이 행위는 진정한 자기 욕구에 충실한 결과이지 그것 자체가 목적은 아니다. 그런데 진짜 자기로 살아가는 일은 자기를 넘어서게 하는 초월적 세계로 인도하는 길이기도 하며, 동시에 자신을 편안하게 만들기도 한다. 자기답게 사는 것이 편안하게 지금을 누리면서도 자기를 성장시키고 초월하게 하는 최상의 길이라는 말이다. 현전재성에 대한 이러한 설명은 도가에서 말하는 자연과 아주 흡사하다. '스스로 그러함'을 뜻하는 자연은 하나의 행동 원리로서 특별히 무엇인가를 따로 추구하지 않는다. 다만, 타고난 자기 본성을 따라 그러그러하게 행위할 따름이다. 그런데 스스로 그러그러하게 행위한 결과 스스로 생성하고〔自生〕, 스스로 변화하고〔自化〕, 스스로 바르게 되고〔自正〕, 스스로 자기 길을 가고〔自行〕, 스스로 높아지고〔自高〕, 스스로 두터워지고〔自厚〕, 스스로 밝아진다〔自明〕. 자연에 따르는 행위가 저절로 자기를 성장시키고 완성하는 결과를 창조하는 것이다. 존재의 자유와 누림을 최대한 허용할 뿐 아니라 스스로 긍정적인 결과를 창조하고 향유하게 한다는 차원에서 볼 때 현전재성과 자연은 동일한 것을 지칭하는 다른 이름에 불과하다고 말할 수 있다.

둘째, 만일 현전재성이 무엇인가를 하는 것이라면, 그것은 현재 체험하는 모든 느낌을 마음껏 느끼고 누릴 뿐 아니라 그 느낌이 이끄는 대로 따라가며, 이를 드러내고 싶을 때 표현하는 것이다. 현전재성이 행위에 초점을 맞춘 것은 아니지만 결국은 어떤 행위로 표현되기 마련이다. 그런데 현전재성에 충실한 행위가 전개되는 과정을 살펴보면 철저하게 '현재 체험하는 느낌'이 중심이 된다는 말이다. '현재 체험하는 느낌'을 중심으로 생활하려면 일어나는 느낌이 무엇인지 잘 알아차려야 할 뿐 아니라 그 느낌을 잘 누리면서 그 흐름을 섬세하게 따라가야 한다. 이를테면 슬픔이 올라올 때 슬픔을 알아차리고, 그 슬픔 속에 머물러 있다가 슬픔이 사라지고 다른 느낌이 올라오면 또 그 느낌을 따라가는 식이다. 그러니까 모든 행위를 느낌 중심으로 구성하라는 것인데, 결국 앞에서 언급한 자기답게 살아가는 일은 느낌에 충실하게 살아가는 일로 구체화된 셈이다.

하지만 느낌에 충실하게 살아가기 위해서는 충족시켜야 할 조건이 있다. 먼저, 현재 체험하는 느낌을 있는 그대로 느낄 수 있어야 한다. 일어나는 느낌을 억압하거나 왜곡하면 원래 느낌 자체를 제대로 알아차릴 수 없다. 느낌의 자연스런 흐름을 허용하는 것도 중요하다. 느낌의 방향을 바꾸기 위하여 어떤 의도를 개입시켜 간섭하고 참견하면 느낌은 이상하게 뒤틀려서 정체가 불분명한 것으로 오염돼 버리고 만다. 마지막으로 느낌이 표출을 원할 때 느낌에 담겨 있는 에너지 수준에 알맞게 표현하는 일도 무시할 수 없다. 느낌은 에너지이므로 적절하게 표출되어야 자연스럽게 사라진다. 하지만 느낌을 억지로 축소하거나 과장해서 표현하면 그것 자체가 또 다른 문제를 일으키는 원인이 될 수 있다.

결국 느낌에 충실한 행위는 느낌의 스스로 그러함(자연)을 존중하고 제 길을 가도록 내버려 두는 일(무위)이라고 풀이할 수 있다. 느낌을 무위자연하게 대하라는 말이다. 앞에서 자연은 '스스로 그러함'으로, 무위는 '행동을 완성시키는 실천 원칙'이라고 언급한 바 있는데, 이 무위자연의 원리를 느낌에 적용하면 느낌이 자기 행동을 완성시킬 수 있다고 믿고 처음부터 끝까지 느낌 스스로 그러하게 내버려 두는 것이라고 정리할 수 있다. 여기서 느낌을 무위하게 대하는 것이 구체적으로 어떻게 하는 것인지 앞에서 설명한 무위의 다양한 표현과 연결시켜 살펴보자.

● 무지(無知)다. 무지는 어떤 사태를 현재 알고 있는 지식이나 개념으로 한정하지 않고 늘 열린 자세로 대하는 것이다. 따라서 현재 체험하는 느낌을 무지하게 대한다는 말은 현재의 느낌을 이미 알고 있는 다른 지식이나 개념으로 환원하거나 해석하지 않고 새로운 것으로 받아들이는 자세를 뜻한다. 선지식이나 선경험을 앞세우지 말고 매순간 자기에게서 일어나는 느낌을 마치 처음 대하는 것처럼 새롭고 신선하게 받아들이

라는 뜻이다.

- 무사(無私)다. 무사는 사사로운 고집을 부리지 말고 자연스러움을 따르라는 것이다. 따라서 현재 체험하는 느낌을 무사하게 대한다는 것은 현재의 느낌을 그것이 아닌 다른 것이라거나 또는 그럴 리가 없다는 식의 억지를 부리지 말고 있는 그대로 인정하라는 뜻이다. 좋아하는 느낌은 환영하고 싫어하는 느낌은 거부하는 등 자기 선호에 따라 느낌에 대한 태도를 달리 하는 일도 하지 말아야 한다.

- 무기(無己)다. 무기는 자기를 비워 놓아 자기가 없는 상태에서 자발적으로 흘러나오는 행함이다. 따라서 현재 체험하는 느낌을 무기하게 대한다는 말은 마음을 깔끔하게 비우고 현재의 느낌을 받아들여 그 느낌이 시키는 대로 따른다는 뜻이다. 느낌을 자기의 주인으로 삼으라는 말이다.

- 무사려(無思慮)다. 생각의 일시성을 인정하여 거기에 절대적인 의미를 부여하지 말고, 생각하되 더 생각할 수 있는 여지를 남겨놓으라는 것이다. 따라서 현재 체험하는 느낌을 무사려하게 대한다는 말은 느낌에 푹 빠져들되 그것이 전부라고 생각하지 말고 느낌의 변화 가능성에 문을 열어 둔다는 뜻이다. 아울러 느낌에 젖어 있는 동안 생각이 침범해 들어오는 경우 이를 재빨리 털어 버리고 다시 느낌으로 돌아가라는 뜻도 담겨 있다.

- 무욕(無欲)이다. 무욕은 어떤 대상을 고집하는 의지의 강한 지향성을 제거하는 것이다. 따라서 현재 체험하는 느낌을 무욕하게 대한다는 것은 그 느낌에 뚜렷한 방향성이나 목적성을

부여하지 말고 느낌 스스로 방향을 정해 흐르도록 내버려 두라는 뜻이다.

● 무언(無言)이다. 무언은 말의 한계를 직시하고 실재를 접촉하라는 것이다. 따라서 현재 체험하는 느낌을 무언으로 대한다는 것은 그 느낌을 언어로 정의하거나 묘사하거나 형용하려고 하지 말고, 다만 느낌을 접촉하면서 그 흐름에 자신을 내맡기라는 뜻이다. 언어는 생생한 느낌에서 멀어지게 하는 묘한 효과가 있으므로 사용하지 말라는 것이다.

● 무용(無用)이다. 무용은 모든 사물의 쓰임의 가능성이 무 또는 허에 있다는 것이다. 따라서 현재 체험하는 느낌을 무용으로 대한다는 것은 지금은 그 느낌이 마음을 차지하고 있지만 머지않아 사라질 것으로 대하라는 말이다. 그래야 다시 필요한 느낌이 들어와 적절한 역할을 하게 될 것이다. 따라서 현재 체험하는 느낌이라고 해서 굳이 이를 붙잡아 두려고 애쓰는 헛수고를 하지 말아야 할 것이다.

● 무사(無事)다. 무사는 무슨 일이 일어나든지 항상 유능하게 대처하여 더이상 할 일이 없게끔 일을 완벽하고 깔끔하게 처리한다는 뜻이다. 따라서 현재 체험하는 느낌을 무사하게 대한다는 말은 그 느낌이 제 역할을 다하고 사라질 수 있도록 충분히 체험할 필요가 있다는 뜻이다. 그렇게 하지 않으면 그 느낌은 마치 미완성 과제처럼 마음에 찌꺼기로 남아서 심리 에너지를 낭비하게 만들 것이다. 따라서 느낌이 자기 에너지를 남김없이 소진하고 스스로 사라질 때까지 자기표현을 충분히 할

수 있는 기회를 주어야 한다.

　셋째, 현전재성은 매순간 살아서 자기답게 전체적으로 반응하는 인격이다. 두 번째 내용이 느낌에 초점을 맞췄다면 여기서는 인격 전체로 범위가 확장된다. 원래 인격은 '지속성을 가지고 자기주도적으로 살아가는 유기체의 정신적 특성(박성희, 2012)'으로서 생각, 느낌, 의지, 행동 등을 모두 포함하는 복합 개념이다. 따라서 인격은 존재 전체를 담은 것이며, '전체적으로 반응하는 인격'은 모든 사태에 존재 전체를 담아 반응한다는 뜻이다. 사실 사람은 늘 전체적으로 반응하며 산다. 편의상 우리가 생각, 느낌, 의지, 행동으로 나누어 구별하지만 이들은 실제 늘 서로 얽혀서 하나의 전체로 작용하고 있을 따름이다. 로저스는 인격을 구성하는 요소 중에 특히 느낌을 중요하게 여겼지만, 궁극적으로는 인격 전체의 조화로운 자기실현이 목표였다.

　그렇다면 전체적으로 반응하는 인격은 실제 상황에서 어떻게 행동할까? 이에 대한 단서는 앞에서 말한 『칼 로저스의 사람중심 상담(A way of being)』에 소개되어 있는 예화에서 찾을 수 있다. '그게 무엇이든 속에서 올라오는 어떤 것을 충실하게 느끼고 전달한다.' '자기 자신이 된다.' '문제와 고충과 느낌을 쏟아 내며 완전한 자유를 누린다.' '앞뒤 따지지 않고 직관적으로 일어나는 충동에 따라 즉시 행동한다.'는 표현이 그것이다. 이 표현들은 공통적으로 지금 자기에게서 일어나는 '욕구'에 충실하라는 요구다. 그게 감각이든 느낌이든 생각이든 행동이든 영적 충동이든

하고 싶은 대로 하라는 것이다. 지금 오감으로 감각하고 싶으면 감각하고, 생각하고 싶으면 생각하고, 느끼고 싶으면 느끼고, 영성에 접촉하고 싶으면 접촉하라는 것이다. 그런데 이렇게 욕구에 충실한 행위는 욕구 자체가 지닌 그러그러한 특성을 남김없이 드러내는 일이며(자연), 동시에 다른 무엇을 하는 것이 아니라 그 욕구를 완성하는 일(무위)이기도 하다. 즉, 욕구를 무위자연(스스로 그러그러하게 하여 완성하게)하는 것이다. 로저스의 현전재성과 도가의 무위자연이 여기서 하나로 통하고 있음을 알 수 있다.

현전재를 실현하는 무위자연의 삶

학술 논문이라 딱딱하게 표현되기는 했지만 현전재성은 무위자연으로 충분히 실현 가능한 방법이 될 수 있음을 알 수 있다. 무위자연이 그야말로 아무것도 하지 않고 그냥 가만히 있는 것이 아니라 무엇인가를 하는 행위라면, 그 행위는 자기 존재에 차고 넘치는 흐름에서 저절로 흘러나오는 것일 수밖에 없는데, 그게 다름 아닌 현전재성에 충실한 행위다.

현전재성을 무위자연으로 풀어내는 순간, 나의 마음에는 말할 수 없는 평안이 찾아왔다. 현전재를 제대로 누리려고 바쁘게 움직이던 마음이 안식을 얻은 것이다. 쉬는 게 곧 누리는 것이라는 데 굳이 뭔가를 향해서 밖으로 내달릴 필요가 없다. 굳이 할 일이 있다면 그건 잘 쉴 수 있도록 나를 살피고 나의 안팎에 흐르는 생명과

욕구와 느낌의 흐름에 동참하는 일 뿐이다. 실례를 들어 보자.

어머님 병환이 길어지면서 병원을 오가는 일이 잦아졌다. 입원해 계신 어머니를 찾아가 한두 시간 놀다 오는 게 일과가 되었다. 계속 이러다보니 어머님과 같은 병실에 있는 환자들이 효자라고 칭찬을 쏟아 놓는다. 병실에 매일 오는 아들도 흔치 않을 뿐더러 와도 꿔다놓은 보릿자루처럼 가만히 있다가 가는 게 보통인데 어머님 비위를 잘 맞춰 가며 대화를 하는 모습이 아주 인상적이란다. 그리고 보니 병문안을 오는 아들들은 대개 무뚝뚝하고 어머님에게 별로 사근사근하지 못한 것 같다. 어쨌거나 어머니 병치레를 돕기 시작하면서 어떻게 하는 게 잘하는 것인지 생각해 본 적이 있다. 부모에게 잘하는 게 자식의 도리지만, 어머니가 장기간 병을 앓으실 텐데 어떻게 하는 게 어머님도 좋아하고 나도 힘들지 않을지 나름대로 전략을 짜놓은 것이다. 그래서 내 생활과 일정을 어머님 중심으로 구성하고 이런저런 계획을 만들어 놓았다. 그 계획과 일정대로 움직인 지 약 3개월 정도가 지나니, 어머니에게 가는 것이 점점 의무처럼 바뀌고 몸에서 힘이 빠져나갔다. 어머니에게 효도를 해야 한다는 생각에 이끌려 가다보니 힘은 들고 부담감은 늘어간 것이다. 아차 싶었다.

그리하여 지금까지 계획을 세워 기계적으로 움직이던 전략을 포기하고, 내 안의 요구에 주의를 기울이기 시작했다. 역시나 내 안에서 어머니를 찾아가는 행사는 '누림'이 아니라 하나의 '일'이 되어 있었다. 앞에서 언급한 무위자연에 따르면 나는 '생각을 일으키고 거기에 집착함'으로써 '무사려(無思慮)'를, 또 '일을 꾸며 놓고 거기서 생긴 부담감에 질질 끌려감'으로써 '무사(無事)'를 어긴 셈이다. 이렇게 알아차리게 되자, 나는 명상을 하면서 '효도해야 한다는 생각'을 내려놓고 어머니 병문안을 가면서 드는 모든 느낌을 나의 것으로 품어 안는 과정에 돌입하였다. 병문안을 가면서 내 안에 솟던 의무감, 부담감 등 부정적인 감정은 물론이요, 의무를 다하고 있다는 데서 오는 뿌듯함, 대견함, 자랑스러움 등 긍정적인 감정에도 초점을 맞추고 차분히 지켜보기를 한 것이다. 어느덧 복잡한 감정이 가라앉고 평화로운 기운이 나를 감싸고 도는 것을 느낄 수 있었고, 병문안에 대한 생각에도 변화가 생겼다. 이제 병문안은 의무적으로 해야 할 '일'이 아니라 나의 욕구를 따르는 자연스런 '누림'이 되었으며, 종전에 느꼈던 '부담감'은 어머니와 만나는 순간을 생생하게 누리는 '충실감'으로 바뀌었다.

　무위자연하기 가장 어려운 것이 아마도 자식 키우는 일일 게다. 인생을 앞서서 살아온 선배로서 자식들에게 가르쳐줄 게 너무 많으니 그냥 아이들 하는 대로 내버려 두기가 정말 쉽지 않다. 내 눈에 정답이 빤히 보이는데 헤매고 있는 자녀를 보는 게 얼마나 안타까운지……. 그래서 나도 가끔 아이들을 무위자연하게 대하지 못하고 잔소리를 한다. 대학에 다니던 아들 녀석이 얼마 전 심하게 사랑앓이를 했다. 옆에서 지켜보기에 안쓰러울 정도로 오락가락 헤매면서 방황이 심했다. 아들의 사랑앓이가 마음에 들지 않는 아내는 틈만 나면 아들에게 잔소리하고 야단을 친다. 그러던 어느 날 아들이 술 한 잔 하자며 나에게 상담을 청해 왔다. 그 자리에서 아들은 자기 연애담을 꺼내며 내 의견을 물어왔다. 아들의 말을 열심히 들어주던 내 대답은 간단명료했다. "네가 잘 알아서 하고 있잖니. 앞으로도 그럴 거야. 아빠가 뭔 말을 해 준다고 너에게 도움이 될 거 같지 않네. 다만, 네 안에 있는 느낌을 충실하게 따르라는 말을 해 주고 싶어. 그러면 이 사랑을 통해서 네가 배우는 게 참 많을 거라고 아빠는 믿어." 그렇다. 내가 아들의 사랑에 무슨 말을 얹을 수 있을까. 사랑이야말로 가장 자기답게, 가장 자기다운 스타일로 빠져드는 것인데, 부모라도 참견할 자리가 없는 게 마땅하다. 다만, 관심 어린 시선으로 아들이 자기 식대로 멋진 사랑을 할 것이고, 그 사랑을 통해서 또 한 번 성장하리라고 믿고 지켜볼 밖에. 얼마 후 아들은 얼굴에 생기를 되찾고 뭔가 새로운 목표를 얻은 듯 다시 밝아졌다. '무기(無己)'와 '무사(無私)'라고 표현할 수 있는 아들에 대한 나의 무위자연함이 아들로 하여금 자기답게 사는 데 도움을 주었을 것이다.

최근 내가 다니는 산악회에서 중심 역할을 하는 총무 두 사람의 사이가 벌어졌다. 산악회 운영과 관련하여 소소하게 의견 차를 보이다가 급기야 충돌한 것이다. 두 사람 모두 산악회의 대들보이자 개인적으로 친분이 깊은 사람들이라 그냥 있을 수가 없었다. 그래서 두 사람 사이를 중재해야겠다고 마음먹었다. 충돌한 지 얼마 되지 않은 시점이라 두 사람 모두 열이 올라 있었다. 이런 상태에서 같이 만나면 사태가 오히려 악화될 수도 있어서 한 사람씩 따로 만났다. 역시 두 사람 모두 자기 입장에서 격렬하게 상대를 비난했다. 그동안 많이 친했던 만큼 서로에게 받은 상처도 깊고 원망도 거셌다. 이때 나는 어떻게 하는 게 가장 좋을까?

역시 무위자연, 궁극적으로 두 사람을 화해시키는 것이 목적이지만, 화해는 둘이 자발적으로 일구어 내야 할 결실이어야 한다. 내 역할은 옆에서 이들을 지켜보며 화해의 장과 여건을 만들어 주는 것으로 충분하다. 그리하여 내가 선택한 행동은 그들과 함께 있는 순간을 즐기는 것이었다. 다시 말해 열심히 주의를 기울여 그들의 이야기를 들으면서, 언어 너머에 있는 그들의 마음을 듣고, 그들의 느낌을 반영하고, 해 주고 싶은 말이 강렬하게 떠오를 때 이따금 내 말도 섞으면서 그들과 함께 있는 순간을 누려나갔다. 이렇게 하면서 오늘까지 두 사람을 다 만났다. 많은 이야기를 했음에도 두 사람 모두 나와 대화하는 말미에 '상대방이 먼저 사과하지 않으면' 절대 화해하지 않겠노라고 못을 박는다. 그들의 말로만 보면 화해가 불가능할 것 같지만, 그렇지 않을 수도 있다. 그들 안의 '큰 나'에 들어 있는 화해와 성장을 향한 욕구가 어떻게든 그들을 움직여 좋은 결과를 낳을 것이다. 하지만 결과에 상관없이 나에게 중요한 건 그들과 대화하면서 얼마나 내가 무위자연할 수 있었는지, 그래서 그 순간을 즐기면서 그들로 하여금 얼마나 자기 생각과 느낌을 감추지 않고 있는 그대로 드러내게(다시 말해 그들 스스로 무위자연할 수 있게) 도왔는지 하는 것이다. 함께 만나 이야기하는 시간에 그들이나 나나 서로 무위자연할 수 있었다면, 그리하여 그 순간에 푹 **빠져** 현전재할 수 있었다면 그것으로 충분하다. 굳이 짚어 말한다면, 이들과의 만남에서는 무위자연의 속성 중 무기(無己), 무욕(無慾), 무언(無言)이 주로 활용된 것 같다.

어머니 병문안, 아들과의 연애상담, 산악회원들 간의 갈등 중재 등 세 가지 상황을 예로 들어 무위자연하는 모습을 그려 봤다. 세 가지 상황이 모두 마찬가지지만 확실히 무위자연은 아무것도 하지 않는 것이 아니다. 무엇인가를 하는데, 그 무엇에 '억지로' 라는 인위성을 배제하고 '스스로' 라는 자연성에 초점을 두는 것이다. 그리고 그 자연성의 중심에는 '느낌'이 자리 잡고 있다. 결국 자기 자신에게도 그리고 다른 사람들에게도 느낌에 충실하게 살아갈 수 있게 하는 생활, 이것이 무위자연하는 삶, 현전재하는 삶에 가장 가까운 것으로 여겨진다.

평안을 누리며 행위를 완성하는 무위자연의 원리

20세기 초 일본에서는 이미 노자의 무위자연의 개념을 빌려 상담이론을 개발한 바 있다. 모리타상담이 바로 그것이다(박성희, 2007). 모리타상담이 주요 치유법으로 활용하고 있는 전략은 '있는 그대로' 라는 뜻의 '아루가마마' 다. 원래 모리타상담은 신케이쉬추, 즉 신경쇠약에 걸린 사람들을 치료하기 위해 개발되었다. 신케이쉬추는 사회적인 맥락에서 대인관계에 심한 불안과 공포를 느끼는 사람이 보이는 증세다. 신케이쉬추에 걸린 사람은 내면에서 일어나는 불안과 공포를 제거하기 위해 온갖 지식을 총동원하여 이들과 싸움을 벌이는데, 이 싸움 자체가 불안과 공포를 또다시 불러들이는 악순환의 고리에 빠지게 한다. 문제를 해결하려는 노력이 오히려 문제를 더 심화시키는 모순이 된 것이다. 이렇게 모순의 악순환에 빠져 있는 사람들에게 모리타가 치유법으로 제시한 것이 아루가마마다. 불안과 공포를 제거하기 위해 애쓰지 말고 그냥 '있는 그대로' 아무것도 하지 말고 가만히 있으라는 것이다. 그러면 자연, 아니 사람 속에 담겨 있는 살려는 욕구가 움직이기 시작하여 서서히 문제를 해결하는 과정에 들어선다고 한다. 모순과 갈등에서 자유롭게 하는 힘이 애써 무엇을 시도하려는 의지에 들어 있는 것이 아니라, 있는 상태 그대로 내버려두고 받아들이는 '무위' 속에 들어 있다는 말이다. 문제에 대한 해답이 무위에서 비롯된다고 본 것이다.

모리타는 신경쇠약 증세가 심한 사람들을 치유하는 방법으로 무위를 제안했지만, 무위자연을 일상을 이끌어가는 생활 원리로 채용하면 삶은 그만큼 더 건강하고 풍성해질 것이다. 무위에 담긴 힘을 활용하기 위해 굳이 문제가 확대될 때까지 기다릴 필요가 없다. 매 순간 억지와 인위를 내려놓고 자신에게 일어나는 현상(특히 느낌)이 스스로 그러하게 제 길을 갈 수 있게 내버려 둔다면, 힘이 덜 들면서도 이루는 것은 오히려 많아질 수 있다. 평안을 누리면서 행위를 완성시키는 이 즐거움. '현재를 즐겨라.' 는 카르페 디엠의 실천 원리가 바로 무위자연에 고스란히 녹아 있다.

죽은 시체처럼 정지한 상태로 머무는 것이 아니라 만물에 깃든 잠재력을 완성시키고 우리의 일상적 지식을 넘어선 무엇인가를 행하는 것이 무위자연이라면, 우리는 그 원리를 좀 더 촘촘하게 이해하고 우리 삶에 알차게 적용할 필요가 있다. 이미 수천 년 전이 원리를 꿰뚫고 그 그림자라도 잡으라고 글로 펼쳐 놓은 노자와 장자의 지혜가 놀라울 따름이다.

10
자유와 숙명,
그리고 중도의 길

나에게 자유는 영원한 신기루에 불과한 것일까?

정말 숙명은 존재하는 것일까? 그리고 이것은 나를 자유롭게 하는데 걸림돌이 되는 것일까?

자유와 숙명은 영원히 화해가 불가능한 것일까?

첫 장에서 '자유'라는 주제로 글을 시작했다. 그 글의 결론은 한마디로 나는 결코 자유롭지도 않고 자유로울 수도 없다는 것이다. 설사 다시 어린아이로 돌아간다고 할지라도 내가 '사회'라는 큰 맥락에 놓여 있는 한, 그리고 그 속에서 살아남기 위해 '생각'을 앞세운 '마음'에 전권을 부여하는 이상 나와 자유는 물과 기름처럼 따로 놀 수밖에 없다. 간혹 내가 자유롭다고 생각할 때가 있다면, 그건 편안하다는 심리적 상태를 자유와 혼동한 것일 게다. 주변에 나를 괴롭히는 것들이 없고, 고민거리가 없고, 심신에 고통이 없을 때 자유롭다고 착각하는 것이다.

그렇다면 내게 자유는 한낱 유토피아에 불과한 것인가? 이 물음에 대한 답은 '나'의 정체성, 다시 말해 정말 내가 누구인지, 나라는 존재의 본질에서 찾을 수 있다. 2장은 이 '나'의 정체를 밝히기 위하여 쓴 글이다. 그 글에서 '나'는 '큰 나' '작은 나' '가짜 나'라는 세 가지 다른 이름으로 불리고 있다. '큰 나'는 분리된 개별자를 초월하게 하는 내 안에 흐르는 생명의 흐름으로서의 나이고, '작은 나'는 삶의 현실 속에서 '큰 나'를 실현하며 이를 온전히 드러내는 나이며, '가짜 나'는 세상의 모든 대상과 분리되어 생각으로 똘똘 뭉친 주체로서의 나라고 하였다. '나'가 이렇게 세 가지 다른 이름과 내용을 가진 존재라면, 나와 자유의 관계는 이 세 가지 측면으로 나누어 따져보아야 한다.

세 가지 나, 세 가지 자유

'가짜 나'는 가장 치열하게 자유를 추구하지만 실상 자유와 가장 멀리 떨어져 있다. 자신이 다른 모든 것과 연결된 것을 모르고, 몸이 따로 떨어져 있는 것처럼 자신의 모든 것이 따로 떨어져 있는 '독립체'라고 믿고 홀로 선 주체로 살아가기 위해서 온 힘을 쏟는다. 자신의 모든 것이 다른 것과 연결되어 있는데, 그 모든 것을 끊어내고 홀로서기를 하려고 하니 얼마나 힘이 들겠는가! '가짜 나'에게 자유란 이렇게 처음부터 불가능한 일이다. '~으로부터의 자유'든 '~에로의 자유든' 사람으로 태어난 이상 스스로 말미암는다는 자유(自由)라는 건 원래부터 없다. 모든 얽매임에서 벗어나 자기 의지를 제대로 실현하며 산다는 말도 허울 좋은 말치레에 불과하다. 그런데도 생각을 앞장세워 '가짜 나'는 끊임없이 바위를 굴리는 시시포스처럼 자유를 향한 허망한 외침을 그치지 않는다. 1장에서 언급한 나는 바로 이 '가짜 나'를 말한다. 빈손으로 왔다가 빈손으로 돌아가고, 우연히 세상에 나왔다가 우연히 세상을 떠나가는 '가짜 나'에게 자유는 신기루에 불과할 따름이다.

'큰 나'는 시공을 초월하여 도도하게 흐르던 생명의 강줄기가 나에게 이어진 생명의 실체요, 흐름이다. 이 '큰 나'는 생명의 원천이요, 불성이요, 도덕이요, 도심이요, 성령이요, 진리로서 모든 우연한 것과 일시적인 것들의 근본이며 중심이다. 나를 부처와 성인과 신의 경지에 올려놓고 도덕과 진리로 빛나게 하는 바로 그런 생명의 흐름이다. 영원에서 영원으로 이어지며 한 곳에 머물지 않고 끊임없이 흐르는 이 생명의 흐름은 그 자체가 자유다. 그 어느 것에 매어 있지 않고 모든 것을 초월해 있으면서 모든 것에 참여하는 이 흐름은 모든 것을 스스로 말미암는 자유 바로 그것이다. 따라서 진정 자유롭기를 원한다면 이 생명의 흐름에 동참하면 된다. '가짜 나'를 뒤로 하고 '큰 나' 안으로 뛰어들어가서 도도하게 흘러가는 생명의 흐름에 자신을 맡길 때 나는 그 무엇에도 막히고 제한되지 않는 대자유를 만끽할 수 있다. 온갖 종류의 번뇌와 속박에서 벗어난 진정한 해탈, 그 어느 것에도 방해받지 않으며 순간순간 깨어 생명의 싱싱함을 누리는 깨달음이 바로 내 안의 '큰 나'에 있다. 보리수나무 아래에서 석가모니 부처가 얻은 깨달음, 그러니까 생로병사의 굴레에서 벗어나는 대자유가 저세상에 가서 누리는 것도 아니고 극락처럼 어디 특별한 데 가서 누리는 것이 아니라 순간순간 살아 있는 자신에게서 누릴 수 있는 것이라는 사실을 기억하자.

문제는 '작은 나'다. '작은 나'가 삶의 현실 속에서 '큰 나'에 동참하느냐 아니면 '가짜 나'에 속아 넘어가느냐에 따라 내가 누리는 자유는 하늘과 땅 차이로 달라진다. 따라서 '작은 나'의 현명한 선택과 실천이 필요하다. 지금까지 '작은 나'는 아주 오랫동안 그래왔기 때문에 너무나 익숙해서 생각을 중심으로 움직이는 '가짜 나'를 진짜 나라고 여기고 살아왔다. 그래서 생각과 마음이 내 존재의 전부인 양, 그것에 모든 것을 맡기고 의지하며 살아왔다. 이렇게 살아가는 한, 지금까지 그랬듯이 앞으로도 '작은 나'는 늘 자유를 찾아 밖을 헤매며 돌아다닐 것이다. 마치 자신이 왕자인 것을 모르고 거지로 살아가는 왕자거지처럼……. 반대로 '작은 나'가 용기를 내어 생각과 마음에 대한 동일시를 털어 버리고, 자신 속의 '큰 나'에 귀를 기울이며 그 흐름에 참여한다면 자유는 강물처럼 '작은 나'를 관통해 흘러갈 것이다. 그리하여 강물의 폭이 넓어지듯 '작은 나'가 누리는 자유도 점점 폭을 넓히며 무한하게 확장될 것이다. '작은 나'가 누리는 자유가 현명한 선택에 달려 있다고 말하는 이유가 이것이다.

큰 결단과 작은 결단

　말은 쉽게 했지만 '큰 나'를 선택하고 그 흐름에 동참하는 일은 그리 쉽지 않다. 추상적으로 이해는 가지만 '큰 나'의 생명력이라든지 그 생명력에서 뿜어 나오는 신통력을 체험해 본 적이 없는 상태에서, 더구나 그것이 내게 익숙한 생각이나 마음으로 접근되는 것이 아니라니 참으로 어떻게 해야 할지 난감하다. 무엇인지도 모르고 어떻게 하는지도 모르는데 어찌 그 흐름에 뛰어들 수 있을까? 의심도 되고 두렵기도 하고 망설이는 것이 너무나 당연하다. 그래서 필요한 것이 결단이다. 지금까지 살아온 삶과 다른 삶을 살겠다는 결단 말이다. 적어도 '가짜 나'가 답이 아니라는 게 확실하다면 더 이상 거기에 뭉개고 있지 말고 무언가 다른 길을 찾아야 한다. 다행인 것은 그 다른 길을 걸어간 인류의 스승과 선배들이 많다는 사실, 그리고 그 길이 매우 가치 있고 보람 있는 것이라는 수많은 증거들이다.

자유로운 삶을 살기 위해 '큰 나'에 동참하는 결단은 큰 결단과 작은 결단으로 나눌 수 있다. 큰 결단은 삶의 근본적인 방향을 바꾸는 코페르니쿠스적 전환의 결단, 작은 결단은 현실 생활의 매 순간 자신을 돌이켜 '큰 나'의 흐름에 머무는 자성적 결단을 말한다. 큰 결단은 깨달음을 향해 안락한 집을 뛰쳐나온 석가모니, 다메섹을 향해 가는 도중 하늘의 음성을 듣고 삶의 방향을 바꾼 바울에게서 본을 찾을 수 있다. 지금까지 이끌려 살아온 '가짜 나'에 'No!'를 선언하고, 어떻게 전개될지 모르지만 새로운 삶을 향해 방향을 전환하는 것이다. '진리'를 향해 방향을 바꾼 석가모니와 바울처럼 거창하지는 않지만, 살아 있는 매순간 '큰 나'에 머물러 거기에 풍성하게 흐르는 자유를 만끽하며 살겠다는 결단 말이다. 이렇게 결단을 하는 순간 그 이전의 나와 이후의 나는 다를 수밖에 없다. 사회적인 지위, 성공, 명예, 부귀 등 이전의 내가 가치 있게 여기고 살아왔던 많은 것이 갑자기 초라해지는 대신, 내 눈에 보이고 귀에 들리는 사소하고 하찮은 것에 애정과 사랑이 샘솟고, 숨 쉬는 것에서조차 기쁨이 넘친다. 그리고 말로 표현할 수 없는 평화와 안식과 행복이 나를 덮는다.

그러나 큰 결단 한 방으로 모든 것이 항상 달라진다면 얼마나 좋을까. 과거에 길들여진 나는 어느새 '큰 나'의 흐름에서 떨어져 나와 다시 옛날 '가짜 나'의 습관과 습성을 따라 움직인다. 그래서 필요한 것이 작은 결단들이다. 일상생활에서 호시탐탐 드러나려는 '가짜 나'의 습관과 습성을 물리치고 스스로를 돌이켜 '큰 나'의 흐름 속으로 뛰어들어야 한다. 그리하여 '큰 나'가 스미고 배일 때 '작은 나'는 생활 속에서 '큰 나'를 온전히 구현할 수 있다. 큰 결단과 작은 결단은 불가의 돈오(頓悟)와 점수(漸修), 그리고 기독교의 구원(救援)과 회개(悔改)를 연상시킨다. 깨달음은 일상의 수행으로 완성되고, 구원은 일상의 뉘우침에서 힘을 얻듯이 큰 결단은 작은 결단을 통해 현실에 뿌리를 내릴 수 있다.

큰 결단과 작은 결단을 통해서 '큰 나'에 머무를 때, 나는 무한한 대자유를 누릴 수 있다고 말했다. 그렇다면 이 자유는 진정 나의 자유인가? 엄밀히 말해 '큰 나'는 나를 포함한 모든 사람의 생명 안에 흐르는 초월적인 나를 뜻한다. 따라서 이 초월적인 나는 모든 사람에게 숙명처럼 부여된 그런 나다. 다시 말해 개별자인 '작은 나'가 그 존재에 관여할 수도, 영향력을 행사할 수도 없는 숙명으로서의 나다. 따라서 '작은 나'가 누리는 자유는 '작은 나' 스스로 누리는 자유가 아니라 '큰 나'에 참여함으로써 그 안에 숙명처럼 붙박이 되어 있는 자유를 더불어 누리는 것일 따름이다. 그러므로 '작은 나'가 누리는 자유 역시 일종의 숙명이 된다. '작은 나'가 '큰 나' 안에 머물 때 자연스레 누릴 수밖에 없는 '큰 나'의 특성이 바로 자유이기 때문이다. '큰 나' 안에서 자유와 숙명이 하나인 한, '작은 나'가 누릴 수 있는 자유 역시 숙명에서 벗어날 수가 없다. '큰 나' 안에서 자유와 숙명은 원래 갈등과 충돌을 모르고 사이좋게 엮여 있는 동일체다.

내가 써 놓고도 어렵다는 생각이 든다. 소명(召命)을 예로 들어

조금 쉽게 설명해 보자. 소명은 그 출처가 '작은 나'가 아니다. 소명이 하늘에서 온 것이건 아니면 내면 깊은 곳에서 솟아난 것이건 소명은 자신이 자각하지 못한 알 수 없는 근원에서 던져진 '명령'이다. 그런데 이 명령을 충실히 따를 때 소명을 받은 자는 거칠 것 없는 자유를 누린다. '내게 능력 주시는 자 안에서 내가 모든 것을 할 수 있다.'고 고백한 바울의 고백이 그렇다(빌립보, 4:13). 숙명처럼 던져진 명령인데 그 명령 안에서 무한한 자유를 누린다는 것이다.

논리적으로 명령(또는 주어진 숙명)과 자유는 양립하기 어려운 개념이다. 타자로부터 내려오는 명령은 자기 마음대로 행동할 수 있는 자유를 제한하고 특정한 행동만을 하도록 강제하기 때문이다. 그럼에도 소명을 받은 자들은 명령을 따르는 데서 오히려 더 큰 자유를 누린다. 명령(또는 숙명)과 자유가 양립 가능함을 보여주는 증거다. 소명을 받은 자가 억지로 그 소명에 따르지 않으면 어떻게 될까? 아마도 받은 소명으로부터 끊임없는 괴롭힘을 당해서 늘 소명에 매어 있는 상태가 될 것이다. 소명으로부터 자유로워지려는 노력이 오히려 소명에 예속되는 결과를 낳는 셈이다. 이럴 바에는 차라리 소명을 따르는 편이 더 낫다.

자유와 숙명은 본디 하나의 뿌리에서 나온 것

청년 시절 나는 한때 어떤 종교에 푹 빠져 있었다. 그 종교 안에서 나는 큰 안식과 자유를 누렸고 세상 모든 것을 얻은 듯 행복했다. 그러던 어느 날부터 내 안에서 다른 속삭임이 들리기 시작했다. '너무 편협하므로 더 넓어져야 한다.' '종교가 아니라 사람이 세상의 중심이다.' 그리고 '더 큰 세계를 향해 마음을 열어라.' 등 이런 소리로 기억된다. 처음에는 미세하게 울리던 이런 속삭임이 시간이 지나면서 점점 커져 갔고, 급기야 나는 이 소리에 무릎을 꿇을 수밖에 없었다.

익숙한 세계에 머물기 위해 발버둥을 치던 나는 결국 두려움을 감수하면서 숙명처럼 울리는 내 안의 소리를 따라 살아가기로 결단을 내렸다. 그리고 그 속에서 나는 전에 모르던 새로운 '자유'를 누리게 되었다. 굳이 전에 모르던 새로운 '자유'라는 말을 쓰는 이유는, 이 자유가 '사회적 맥락'과 별 상관이 없는 초월적인 것이라는 점에서 그렇다. 사회적 맥락을 무시하지는 않지만 그 맥락에 매어 있지 않은, 사회 속에서 살아가지만 사회의 그물망에 잡히지 않는, 한 차원 높은 수준의 자유이기 때문이다.

종전에 내가 추구하고 누리던 자유가 철저히 사회적인 것임에 비해 한층 진일보한 것이다. 물론 이 과정에서 실수도 많고 종종 걸려 넘어지기도 하지만, 이 자유는 진정 나의 존재를 가볍게 할 뿐 아니라 나를 나답게 살아가게 하는 핵심 열쇠인 것이 분명하다. 나에게서 비롯된 것이 아님에도 내 삶에 절대적인 영향을 준다는 점에서 일종의 '숙명'인 그 속삭임이 그렇게 나를 '자유'롭게 해 준 것이다. '큰 나' 안에서 자유와 숙명은 이렇게 하나로 얽혀 있다. 하기야 어디 자유뿐인가. '큰 나' 안에는 내가 그렇게 간절하게 원하는 평화와 안식과 행복이 강물처럼 흐르고 있다.

　　지금까지 전개한 논리를 요약하면 다음과 같다. 나는 '큰 나' '작은 나' '가짜 나'로 나눌 수 있는데, 이 중 현실 속에서 삶의 실재를 결정하는 주체는 '작은 나'다. 이 '작은 나'가 '가짜 나'에 참여하면 결코 자유를 누릴 수 없다. '가짜 나' 자체가 자유와 양립 불가능한 거짓 주체인 까닭이다. 진정한 자유는 '큰 나'에서 찾을 수 있다. '큰 나'는 그 본질 자체가 자유다. 따라서 '작은 나'는 '큰 나'에 참여함으로써 '큰 나'에 흐르는 자유를 만끽할 수 있다. 그런데 '큰 나' 안에서 누리는 자유는 숙명이나 다를 바 없다. '큰 나'는 그 본질 자체가 자유이기 때문에 거기에 참여하는 '작은 나'의 상태와 아무런 상관없이 자유를 누릴 수밖에 없다. 따라서 '큰 나' 안에서 '작은 나'가 누리는 자유는 자유이며, 동시에 숙명이다. 그러니까 처음부터 자유와 숙명은 갈등할 것도 충돌할 것도 화해할 것도 없는 하나다.

　　자유와 숙명을 이야기하면서 문득 나는 내가 쓰는 언어라는 것이 참 요사스럽다는 생각을 하게 되었다. '자유'와 '숙명'이라는 이름을 붙여놓으니 마치 그런 것들이 어떤 실체로 존재하고 나는 그들에 대한 모종의 태도를 결정하고 살아야 마땅한 것처럼 여겨진다. 자유와 숙명이라는 것이 따로 있어서 때로는 내가 자유의 영역 안에서 자유를 지키는 기사로, 때로는 숙명의 영역 안에서 숙명에 끌려가는 노예로 살아가야 하는 것처럼 말이다. 그러나 사실 나에게 자유와 숙명은 그저 어느 순간 내가 누리고 있는 상태를 일컬을 따름이다. 마치 시냇물이 절벽을 만나면 폭포가 되어 허공을 날고 제방을 만나면 맴돌며 여울지는 것처럼 나는 세상을 살아가면서 자유를 누리기도 하고 숙명에 내몰리기도 한다. 물론 어느 순간 내가 누리는 자유는 동시에 나에게 부여된 숙명일 수도 있다. 그러므로 이제 언어에 발목을 잡히는 일을 줄여야겠다. 언어와 개념에 발이 묶여 진상을 외면하고 진실에서 멀어지는 함정을 벗어나자는 말이다. 세상살이를 하며 언어와 개념의 도움을 받을지언정 거기에 절대적 가치를 부여하며 스스로를 괴롭히는 일은 이제 그만둘 때도 되었다. 언어 게임은 이미 충분히 하지 않았는가!

최근 내가 빠졌던 언어 게임 중에 나의 통합적인 삶에 훼방을 놓는 주범이 이분법이라는 사실을 깨달았다. '자유' vs '숙명'처럼 대립되는 개념을 설정해 놓고 둘 중 하나의 선택을 강조하는 억지 말이다. 그러나 자유와 숙명은 본래 둘로 나눠질 성질의 것이 아니다. 앞에서도 살펴보았듯이 자유의 깊은 곳에는 숙명이, 숙명의 깊은 곳에는 자유가 숨어 있다. 자유와 단절된 숙명이나 숙명과 단절된 자유라는 건 애초에 없다. 본질상 자유와 숙명은 동전의 양면처럼 하나로 이어져 있다. 그리고 보면 세상의 거의 모든 것이 그렇다. 얼핏 보면 아무 상관없을 것 같이 마주선 둘이 사실은 깊은 뿌리로 연결되어 있다. 가장 이해하기 쉬운 예가 '나' vs '너'다. 마주 선 '나'와 '너'는 서로 아무 상관없이 따로 분리된 두 개의 실체 같지만 조금만 생각해 보면 '너' 없이는

'나'가 없고 '나' 없이는 '너'도 없다. '너'와 '나'는 서로를 의지해 자기 존재를 지탱하고 살아간다. '너'로 인해 '나'가 생기고 '나'로 인해 '너'가 드러난다. 어디 그뿐인가. 앞에서 설명한 '큰 나' 속에서 너는 나의 분신이며 확장이며 나의 다른 표현이다. '나'와 '너' 둘은 서로의 근원이 되는 연기적 존재이면서 동시에 큰 몸에 속해 있는 동체적 존재다. 이렇게 근본이 통합인 둘을 굳이 분리시켜 떼어 놓으려는 이분법에 더 이상 자리를 내주지 말아야 한다. '나' vs '너'를 예로 들었지만, 일상에서 내가 마주치는 거의 모든 대립 개념도 마찬가지다. 개인 vs 집단, 주관 vs 객관, 자기주도성 vs 타율성, 신체 vs 정신, 이성 vs 감성, 사랑 vs 미움, 두려움 vs 용기, 긴장 vs 이완, 진실 vs 거짓, 거룩함 vs 더러움, 위대함 vs 초라함, 안 vs 밖, 삶 vs 죽음이 모두 그렇다.

아마도 노자는 이런 점을 부각시키려고 『도덕경』의 첫 구절을 도라 말할 수 있는 도는 영원한(참) 도가 아니며, 이름 붙일 수 있는 이름은 영원한(참) 이름이 아니라는 뜻의 '道可道非常道 名可名非常名'이라는 말로 시작했나보다. 그렇다고 언어를 버리고 침묵하며 살 수는 없는 노릇이고……. 따라서 삶과 언어의 특성 때문에 어쩔 수 없이 대상과 사상들을 가르고 나누어 개념을 만들고 이름을 붙일지언정 그 근본은 항상 하나이며 통합적이라는 사실을 잊어버리지 말자. 그 길이 언어에 휘둘리지 않고 삶의 실제에 뿌리를 내릴 수 있는 가장 확실한 방법이다. 그러므로 이제 나는 자유도 숙명도 지향하지 않을 것이다. 다만, 내 안에 흐르는

'큰 나'의 흐름에 동참하며 순간순간 나에게 일어나는 모든 현상을 알아차리고 누리며 충실하게 행동으로 옮겨야겠다. 그리하여 물처럼 자연스럽고 바람처럼 자유롭게 남은 세상을 살아가야겠다.

진실의 한가운데를 통과해 가는 중용의 길

이렇게 써 놓고 보니 이상적인 삶으로 동양에서 강조하는 '중도(中道)'와 '중용(中庸)의 길'이 바로 여기에 있다는 깨달음이 온다. 중도는 '어느 쪽으로도 치우치지 않은 바른 길'이라는 뜻이고, 중용은 '과하거나 부족함 없이 떳떳하며 한쪽으로 치우침이 없는 상태나 정도'를 뜻한다. 중도와 중용 모두 '한쪽으로 치우침이 없음'을 강조하는데, 일상생활에서 이를 어떻게 달성하는가가 중요한 과제로 제기되어 왔다. 이쪽 또는 저쪽으로 치우치지 않고 가운데 길로 걸어가기.

요즘 세월호 사건을 두고 정치권의 공방이 가관이다. 세월호 특별법을 만들어 진상을 조사해야 한다는 대전제는 같으나 이를 구체화하는 절차적 방법과 전략에서 야당과 여당 그리고 피해 당사자들의 의견차가 너무 크다. 정치적 손익을 따지면서 접근하는 한 이들이 합의해 내는 결론은 소위 '중도'와 부합하기 무척 어려울 것이다. 세월호 사건 조사에서 중도를 지키려면, 일단 아무런 전제 없이 사건의 자초지종을 철저하게 재구성해 내는 일이 선행되어야 한다. 그렇게 사실 관계를 확인한 후 각자의 정치적 위치에 따라 행보를 하는 게 이상적이다. 하지만 실상은 거꾸로 다. 이미 여당 또는 야당으로 정치적 입장이 전제되어 있기 때문에 세월호 사건에 대한 조사 방식을 정하는 데서부터 벌써 자기 쪽에 유리한 주장을 앞세운다. 사건의 진상을 규명하는 데는 관심이 없고, 그 사건의 의미를 축소하고 왜곡하는 데 혈안이 되어 있는 형국이다. 이런 과정을 거쳐 얻은 결론이 대다수 사람이 수긍할 수 있는 '중도'와 다를 것이라는 점은 불을 보듯 뻔하다. 한국 정치에서 중도와 중용의 실현은 허망한 신기루에 불과한 것일까…….

중도 또는 중용의 길을 가려면, 먼저 나를 앞세우는 마음을 비워 놓아야 한다. 그리고 언어와 개념으로 포장된 허위에 속지 않아야 한다. 정확하게 사건을 관찰하며 사건의 본질을 차분하게 꿰뚫어 보되, 그 사건이 자신에게 어떤 울림을 주는지 '큰 나'의 흐름 안에서 살펴보아야 한다. 그러다가 언행으로 이를 표출하고픈 강한 충동이 솟아날 때 억압하지 말고 자연스레 행동으로 옮긴다. 이렇게 '큰 나' 안에서 현전재하며 사건을 이해하고, 느끼고, 행동할 때 어느 쪽으로도 치우치지 않고 진실의 한가운데를 통과해 가는 '중용의 길'이 비로소 보장될 수 있다. 어정쩡한 가운데 길이 아니라 진실의 가운데를 관통해 가는 중용의 길, 그 해답 역시 '큰 나'의 흐름 안에서 찾을 수 있다. 그러므로 이름과 개념에 대한 집착을 버리자. 다만, '큰 나'에 참여하여 삶의 실제를 누리자. 거기 자유와 숙명을 아우르며 중용의 길을 가는 한 사람이 있을 것이다.

앞의 글에 '물처럼 자연스럽게, 바람같이 자유롭게'라는 구절에서 나옹선사(1262~1342년)의 시가 연상되어 싣는다.

「청산은 나를 보고」

청산은 나를 보고 말없이 살라하고
창공은 나를 보고 티 없이 살라하네
사랑도 벗어놓고 미움도 벗어놓고
물같이 바람같이 살다가 가라하네.

청산은 나를 보고 말없이 살라하고
창공은 나를 보고 티 없이 살라하네
성냄도 벗어놓고 탐욕도 벗어놓고
물같이 바람같이 살다가 가라 하네.

참고
문헌

노재욱(1994). **노자 도덕경**. 서울: 자유문고.

박성희(2001). **상담과 상담학: 새로운 패러다임**. 서울: 학지사.

박성희(2007). **모리타상담**. 서울: 학지사.

박성희(2012). **수용**. 서울: 이너북스.

박성희(2007). **퇴계유학과 상담**. 서울: 학지사.

박성희(2011). **진정성**. 서울: 학지사.

박성희(2012). 인간관계의 필요충분조건들 간의 관계. **초등상담연구**, 11(3), 407-
            426.

박성희(2014). **인간관계의 필요충분조건**. 서울: 학지사.

이재용(2009). **다산과 상담**. 서울: 학지사.

이 황(1958). **퇴계전서**(상, 성학십도, 제십숙흥야매잠도). 서울: 성균관대학교 대동
            문화연구소.

이황(2003, 최중석 역). **이퇴계의 자성록**. 서울: 국학자료원.

정미정, 박성희(2010). **연암과 상담**. 서울: 학지사

천상병(2001). **요놈 요놈 요 이쁜놈**. 서울: 답게.

Brown, M. (2005). *The presence process*. NY: Beaufort Books.

Buber, M. (1917). *Ergnisse and Begegnungen*. Leipzig: Insel-Verlag.

Buber, M. (1954). **나와 너. (표재명 역)**. 서울: 문예출판사.

Mearns, D. (1997). *Person-Centered counseling training*. London: SAGE
                Pub.

Rogers, C. R. (1980). *A way of being*. Boston: Houghton & Mifflin.

저자소개

저자 **박성희**(Park Sunghee)는 서울대학교 교육학과에서 학사, 석사, 박사 학위를 취득하였다. 한국행동과학연구소 상담실 책임연구원, 미국 위스콘신 대학교 상담학과와 캐나다 브리티시 컬럼비아 대학교 상담학과에서 객원교수를 지냈으며, 현재 청주교육대학교 교수로 재직 중이다.

저서로는『동양상담학 시리즈(전 13권)』『상담학 연구방법론』『공감학: 어제와 오늘』『상담과 상담학 시리즈(전 3권)』등의 전문서적과 상담지식을 대중화한『마시멜로 이야기에 열광하는 불행한 영혼들을 위하여』『황희처럼 듣고 서희처럼 말하라』『동화로 열어가는 상담 이야기』『꾸중을 꾸중답게 칭찬을 칭찬답게』『담임이 이끌어 가는 학급상담』『공감』『원더풀 티처스 시리즈-선생님은 해결사(전 10권)』등이 있다.

저자는 지금까지 했던 작업의 초점이 상담학의 학문적 기초를 다지는 것이었다면, 앞으로는 한국 상담학의 원형을 찾아 현대화하는 일과 상담지식을 대중화하는 일에 더 많은 힘을 모을 생각이다. 현재 초등학교 교사들과 함께 '초등학교 현장에서 필요한 상담지식'을 정리하는 작업도 계속 진행 중이다. 저자는 상담지식을 통해 온 세상 사람들을 행복하게 하는 일에 신의 축복이 있기를 바라는 마음으로, 꾸준히 상담의 대중화를 위해 노력하고 있다.

나의 '지금'에게 길을 묻다

현전재가 선물하는 자유, 행복 그리고 상담의 길

2015 년 9월 15일 1판 1쇄 인쇄
2015 년 9월 25일 1판 1쇄 발행

지 은 이 • 박성희
펴 낸 이 • 김진환
펴 낸 곳 • (주)**학지사**
　　　　　121-838 서울시 마포구 양화로 15길 20 마인드월드빌딩
대표전화 • 02-330-5114　　팩스 • 02-324-2345
등록번호 • 제313-2006-000265호

홈페이지 • http://www.hakjisa.co.kr
페이스북 • https://www.facebook.com/hakjisa

ISBN 978-89-997-0765-0 03180

정가 14,000원

인터넷 학술논문 원문 서비스 **뉴논문 www.new.nonmun.com**

이 도서의 국립중앙도서관 출판시도서목록(CIP)은 서지정보유통지원
시스템 홈페이지(http://seoji.nl.go.kr)와 국가자료공동목록시스템
(http://www.nl.go.kr/kolisnet)에서 이용하실 수 있습니다.
(CIP제어번호: CIP2015023149)